AF217920

Margret Rettich

# Wunderbar wahre Weihnachtsgeschichten

*Illustrationen von*
*Rolf Rettich*

ueberreuter

*Für alle, von denen*
*in diesen Geschichten die Rede ist*

1. Auflage 2021
© Ueberreuter Verlag GmbH, Berlin 2021
ISBN 978-3-7641-5216-1

Neu zusammengestellte Sonderausgabe, basierend auf
»Wirklich wahre Weihnachtsgeschichten«
© Verlag Carl Ueberreuter, Wien 2001
ISBN 978-3-8000-2809-2,
einer Kompilation der Erzählbände
»Wirklich wahre Weihnachtsgeschichten«
© Annette Betz Verlag, München 1976
ISBN 978-3-219-10121-8
und »Neue wahre Weihnachtsgeschichten«
© Annette Betz Verlag, Wien 1986
ISBN 978-3-219-10349-6

Innenillustrationen: Rolf Rettich
Umschlagillustration: Christa Unzner

Druck und Bindung: CPI books GmbH
Gedruckt auf Papier aus geprüfter nachhaltiger Forstwirtschaft.
www.ueberreuter.de

# Inhalt

# Die Landstraßengeschichte

Dass sie dieses Jahr Weihnachten im Auto verbringen mussten, hatte ihnen einzig und allein Papa eingebrockt. Er wird manchmal sehr wütend und macht dann die unmöglichsten Sachen. Später tut es ihm aber leid, denn eigentlich ist er gut und friedlich.

Dieses Mal war er wütend über Oma, das ist die Mutter von Mama. Papa und Mama sind zu ihr in das Haus gezogen, damit sie nicht allein wohnt. Es war damals nach dem Tod von Opa und ist nun schon lange her. Inzwischen sagen Papa und Mama: »Die Oma wohnt bei uns.«

Aber Oma sagt immer noch: »Ihr wohnt bei mir!« Papa kann es nicht leiden, wenn sie das sagt.

Mama lacht darüber und meint: »Lass sie reden und ärgere dich nicht.«

Warum musste Oma aber ausgerechnet am Weihnachtsvormittag wieder damit anfangen? Papa stand im Wohnzimmer auf der Leiter und schmückte den Baum. Er steckte gerade die Silberspitze auf, als Oma hereinkam und fragte: »Warum steht der Baum hinter der Tür?«

»Wo sollte er sonst stehen?«, entgegnete Papa.

»Bei mir pflegte er links vom Fenster zu stehen.«

»Und jetzt steht er hinter der Tür«, gab Papa von der Leiter herab zurück.

»Solange ihr bei mir wohnt, solltet ihr auf mich hören«, erwiderte Oma. Und dann gerieten sie in Streit. Sie sagten dies und das, und als Mama aus der Küche kam, um sich einzumischen, redeten alle durcheinander.

Papa war sehr wütend.

Er riss den Schmuck wieder vom Baum und warf ihn in die Kartons zurück.

»Was tust du?«, rief Mama.

»Pack die Geschenke, Süßigkeiten, Betten und Zahnbürsten ein. Wir feiern Weihnachten woanders. Irgendwo werden wir willkommen sein und unseren Baum da aufstellen dürfen, wo wir es wollen.«

Er nahm den Baum, rannte damit nach draußen und schnallte ihn auf das Autodach.

Auf dem Hof spielte Nickel mit seinem Freund.

»Was machst du?«, fragte er Papa.

»Wir verreisen. Und weil wir unterwegs Weihnachten feiern werden, brauchen wir unseren Baum!«, rief Papa und war schon wieder im Haus.

»Toll«, sagte Nickels Freund. Und Nickel war sehr stolz auf Papa, der manchmal so unmögliche Sachen machte.

Oma lief hinter Papa her und jammerte: »So war es doch nicht gemeint!« Aber er schob sie bloß beiseite. Mama rief: »Ist das wirklich dein Ernst?« Aber Papa hatte schon die

Betten in eine Wolldecke geschnürt und verstaute sie im Kofferraum. Da kramte Mama alle Geschenke zusammen und packte etwas Wäsche und Kleidung ein. Sie holte aus der Küche die Kuchen und Oma brachte eine Thermosflasche mit heißem Tee.

Dann zog Mama den Maxel warm an und setzte ihn auf sein Stühlchen hinter sich ins Auto. Nickel gab Oma einen Kuss, winkte – und schon ging die Fahrt los.

Papa war immer noch wütend und fuhr sehr schnell. Er drehte das Lenkrad, dass ihre Köpfe hin und her flogen. Er bremste, dass alle nach vorn kippten. Er hupte, wenn ihm andere Autos keinen Platz machten.

Das gefiel Nickel und der Maxel kreischte vor Vergnügen.

Aber Mama sagte: »Bitte fahr vorsichtig oder ich steige aus.«

Da wurde Papa ruhiger.

Später fragte Mama: »Wohin fahren wir eigentlich?«

Papa antwortete: »Zu meiner Tante Luise. Du wirst sehen, dass es uns dort besser geht als bei deiner Mutter.«

Es war Mama peinlich, einfach so zu Tante Luise zu fahren. Immerhin waren sie vier Personen, es war Weihnachten und Tante Luise hatte keine Ahnung, dass sie kamen. Jedoch mit Papa war nicht zu reden.

Nach einer Stunde erreichten sie die Stadt, in der Tante Luise wohnte. Sie fuhren vor das Haus und Papa stieg aus, um zu klingeln. Er klingelte noch mal und noch mal, aber es machte niemand auf.

Im Nebenhaus rief eine Frau aus dem Fenster: »Da ist niemand zu Hause«, und sie erzählte Papa, dass Tante Luise verreist sei, weil sie Weihnachten nicht allein sein wollte. Ja,

wenn sie gewusst hätte, dass Besuch kommt, wäre sie sicher geblieben und hätte sich gefreut.

»Schon gut«, sagte Papa, »besten Dank und frohes Fest.« Er startete wieder.

»Wohin fahren wir jetzt?«, fragte Mama.

Papa entsann sich, dass er in dieser Stadt einen alten Schulfreund hatte. Papa meinte, der würde sich bestimmt freuen, wenn sie so unvermutet auftauchten, denn er sei früher ein lustiges Haus gewesen.

Mama war nicht so sicher, aber sie sagte nichts.

Nickel rief: »Fein, wir fahren in ein lustiges Haus!« Und der Maxel kreischte vor Wonne.

Papas Freund war zu Hause, doch besonders lustig war er nicht. Er erinnerte sich nicht einmal an Papa und musste eine Weile grübeln. Erst als er Nickel sah, wusste er es, denn Nickel sah genauso aus wie Papa früher.

Er bat sie in seine Wohnung, und weil es Mittag geworden war, brachte seine Frau für jeden einen Teller Kartoffelsuppe. Mama durfte im Nebenzimmer den Maxel trockenlegen und Nickel durfte mal aufs Klo. Dann sagte Papas Freund: »Sicher habt ihr noch eine weite Fahrt vor euch. Wir wollen euch nicht aufhalten. Heute hat jeder noch viel zu tun. Es war nett, dass ihr uns mal kurz besucht habt.«

Papa traute sich nicht etwas zu sagen. So kletterten alle wieder in das Auto und fuhren weiter. Der Freund und seine Frau standen vor ihrem Auto und winkten.

Nicht weit von hier hatte Papa einen Vetter. Der hatte eine Frau und drei Kinder und einen Bauernhof mit viel Platz. Dort waren sie früher oft gewesen, aber weil der Vetter so ähnlich wie Papa war und leicht wütend wurde, waren sie es einmal zur gleichen Zeit und hatten sich verkracht.

»Wir sollten zu deinem Vetter fahren«, sagte Mama jetzt.

Das war für Papa sehr unangenehm, aber er sah ein, dass Mama einen guten Vorschlag gemacht hatte. Vor dem Bauernhof blieb er im Auto sitzen und schickte Mama ins Haus. Nickel wollte gleich mit, aber Papa hielt ihn fest.

Als Mama wiederkam, setzte sie sich und sagte zu Papa: »Fahr nur gleich weiter.«

»Ist er mir noch böse?«, fragte Papa.

»Das nicht«, erwiderte Mama, »aber er und die drei Kinder liegen im Bett und haben Ziegenpeter. Den haben Nickel und Maxel noch nicht gehabt.«

Papa war sehr schweigsam.

Mama ließ ihn von jetzt an bei jedem Gasthaus halten und nach Zimmern fragen. Doch sie hatten kein Glück. Entweder war geschlossen oder alle Zimmer waren belegt. Nickel und Maxel hatten Hunger und Mama gab ihnen Lebkuchen. Einmal hielt Papa an und alle vertraten sich die Füße.

Als sie wieder fuhren, fragte Nickel, wann endlich Bescherung sei. Er wollte nun gerne seine Geschenke haben.

»Wenn wir da sind«, sagte Mama.

»Wann sind wir da?«, fragte Nickel.

Mama sagte zu Papa: »Bitte, lass uns umkehren.« Und wirklich, Papa drehte um.

Sie fuhren nun fast allein auf der Straße. Es war dunkel. Der Maxel schlief. Mama und Nickel sangen Weihnachtslieder. Dann schlief Nickel auch.

Später hielten sie noch einmal an und Mama schenkte Papa den heißen Tee ein.

»Gut, dass du daran gedacht hast«, sagte er.

»Daran hat Oma gedacht«, sagte Mama.

Als sie zu Hause ankamen, brannte nirgends mehr Licht. Mama trug den Maxel ins Bett und Papa schleppte Nickel. Die merkten nichts.

Als am anderen Morgen noch alle schliefen, holte Papa den Baum vom Autodach, stellte ihn ins Wohnzimmer hinter die Tür und fing an, ihn zu schmücken. Als er halb fertig war, nahm er ihn und stellte ihn links vom Fenster auf. Mama kam und brachte die Geschenke. Sie trug Maxel ins Zimmer und Nickel sprang hinter ihr her. Papa zündete die Kerzen an.

»Jetzt feiern wir endlich Weihnachten!«, rief Nickel. Aber Papa sagte: »Warte einen Augenblick.« Er holte Oma, die noch nicht zum Vorschein gekommen war. Er drückte sie an sich, gab ihr einen Kuss und rief: »Frohe Weihnachten!«

Papa ist meist der friedlichste und beste Mensch.

»Was bin ich froh, dass ihr wieder da seid!«, sagte Oma. »Ich wohne so gern bei euch. Aber«, setzte sie hinzu, »ist es nicht wirklich besser, wenn der Baum links vom Fenster steht statt hinter der Tür?«

»Oma!«, rief Mama. Aber Papa lachte.

# Die Geschichte vom Strolch

Der Vater von Anne ist Vertreter, er ist mit dem Auto unterwegs und kommt erst zum Wochenende nach Hause. Wenn er dann da ist, nimmt er sich Zeit für Anne und spielt und tollt mit ihr. Beide sind traurig, dass er am Montag früh wieder wegmuss. Anne hat einen Kalender und Papa hat ein Notizbuch. Beide machen sie Kreuze und zählen die Tage bis Weihnachten. Dann wollen sie die Feiertage und eine ganze Woche Ferien dazu richtig genießen.

Aber einige Zeit vorher sagt Papa, dass daraus nichts wird; er hat so viel zu tun, dass alle seine Abrechnungen liegen bleiben. Die wird er nun zu Weihnachten aufarbeiten müssen und gleich danach muss er wieder wegfahren. Anne hört zu, wie er das mit Mama bespricht.

»So fällt wieder mal alles ins Wasser«, sagt er.

»Mach es einfach nicht und bleib bei uns«, ruft Anne.

Aber Mama hat einen besseren Vorschlag. Sie will mit Papa fortfahren; gemeinsam werden sie es schon schaffen, dass Papa zu Weihnachten einige Tage frei hat.

»Aber wer bleibt bei Anne?«, fragt Papa. »Wir können sie hier nicht ganz allein im Haus lassen.«

Mama meint: »Ich werde Tante Erni darum bitten.« Anne zieht ein Gesicht, aber sie sieht ein, dass Mama recht hat.

Mama ruft gleich Tante Erni an. Ja, sagt sie, es sei natürlich eine Ausnahme und Tante Erni habe vollkommen recht, dass eine Frau ins Haus und nicht ins Auto gehöre, wenn ein Kind schon einen Vater habe, der nie da sei, sicherlich, das sehe sie ein, was Tante Erni sage, ein Kind brauche seine

Mutter, aber es habe eben Glück, wenn es wenigstens eine Tante habe, ganz recht und: »Vielen Dank, dass du kommen willst«, sagt Mama, dann legt sie den Hörer auf. Tante Erni ist ein wenig altmodisch, aber Papa und Mama sind froh, dass man sie anrufen und um etwas bitten kann. Sie sagen, Anne soll lieb und brav und folgsam sein.

Am anderen Morgen kommt Tante Erni, dann fahren Papa und Mama weg.

Anne und Tante Erni vertragen sich gut, wenn die Tante auch findet, dass Annes Haare ins Essen hängen, und sie ihr deshalb Zöpfe flicht. Anne darf Tante Erni bei Kreuzworträtseln helfen und Tante Erni sieht mit Anne zusammen das Kinderfernsehen an. Es wird früh dunkel um die Weihnachtszeit. Tante Erni lässt alle Rollläden herunter, schließt die Haustür ab und legt die Kette vor. Sie stellt unter die Klinke der Balkontür einen Stuhl. Sie schiebt im Keller vor die Außentür eine Kartoffelkiste.

»Bei Dunkelheit wollen wir keinen Besuch mehr haben«, sagt sie, »um diese Zeit kommt niemand mehr, ohne sich vorher anzumelden. Höchstens Einbrecher.«

»Oder Räuber«, sagt Anne.

»Das ist fast das Gleiche«, sagt Tante Erni.

»Mörder auch?«, fragt Anne.

»Male den Teufel nicht an die Wand!«, ruft Tante Erni. Sie rennt durch das ganze Haus, bückt sich unter alle Betten, sieht in alle Schränke und hinter alle Türen, ja, sie zieht sogar die Schubladen der Kommode auf, in die wirklich bloß Zwergeneinbrecher passen würden.

Anne läuft hinter ihr her, sie sieht in den Kühlschrank und unter den Teppich.

Dann sitzt Tante Erni da und horcht. Sie sagt, Anne soll nicht so laut reden, man könne nicht hören, ob jemand um das Haus schleicht. Plötzlich klingelt das Telefon.

»Mein Herz!«, ruft Tante Erni.

Aber Anne weiß, dass es Papa und Mama sind, denn sie haben versprochen, am Abend anzurufen. Sie nimmt den Hörer ab und fragt, wie es ihnen geht. Mama sagt, sie hätten viel geschafft und es sei gut, dass sie mitgefahren ist. Anne sagt, ihnen ginge es auch gut.

Nun hat sich Tante Erni gefasst, kann an das Telefon kommen und sagt: »Es ist bisher alles in Ordnung!«

»Warum auch nicht?«, sagte Mama. »Macht's gut bis Samstag, wir melden uns nicht noch einmal.«

Am nächsten Abend geschieht nichts. Als Tante Erni je-

doch am folgenden Abend wieder alles abgeschlossen und verriegelt hat und gerade im ganzen Haus in alle Ecken und unter alle Möbel schaut, klingelt es. Tante Erni packt Anne am Arm und zieht sie hinter den Küchenherd. »Sei ganz still. Wir sind nicht zu Hause«, raunt sie.

»Aber wir sind doch da«, flüsterte Anne, »wenn du dich nicht traust, kann ich aufmachen!«

»Untersteh dich!«, zischt Tante Erni. Da klingelt es schon wieder.

Anne schreit: »Au«, so fest kneift Tante Erni in ihren Arm.

Es klingelt noch einmal und noch einmal. Dann schlägt etwas gegen die Tür.

»Sie brechen ein!«, jammert Tante Erni. »Ich rufe die Polizei!«

Sie schleicht gebückt durch die Diele an das Telefon. Anne huscht hinter ihr her. In der Haustür ist ein kleines verglastes Guckloch. Anne stellt sich auf die Zehenspitzen, aber sie kann nichts erkennen. Doch – seitlich sieht sie was Rotes schimmern, nur ein Stück Nase und ein wenig Bart.

Sie dreht sich zu Tante Erni um und flüstert: »Ich glaube, es ist ein Nikolaus.«

Tante Erni blättert hastig im Telefonbuch und erwidert leise: »Glaub das nicht! Er will uns reinlegen. Lass die Hände von der Türklinke«, denn Anne will aufschließen. Tante Erni kommt schnell und hält Anne fest.

Draußen sagt eine Stimme: »Nun macht schon auf, ich weiß ja, dass ihr da seid. Ihr werdet doch keine Angst haben, wenn der Nikolaus kommt!«

Anne weiß, dass ein Nikolaus weder ein Einbrecher noch ein Räuber ist. Der vom letzten Jahr war der Vater von Annes Freundin und der im Jahr davor war ein Nachbar.

Tante Erni ruft: »Scheren Sie sich sofort weg oder ich rufe die Polizei!«

»Aber Tante Erni«, sagt draußen der Nikolaus, »warum so streng mit mir. Ich komme durch Schnee und Eis …«

»Ha«, ruft Tante Erni, »schon gelogen. Kein Schnee, kein Eis. Es ist warm und regnet.«

»Hatschi«, niest der Nikolaus.

»Gesundheit!«, ruft Anne.

»Du bist wenigstens nett zu mir«, sagt der Besuch vor der Tür, »lass du mich rein, Anne, ich will dir etwas schenken.«

»Nein, das wird sie nicht tun!«, ruft Tante Erni. »Diesen Trick kenne ich aus der Zeitung: Man verkleidet sich und überwältigt wehrlose Frauen und Kinder! Darauf fallen wir nicht herein.«

Anne glaubt, dass der Nikolaus lacht, aber vielleicht hat sie sich verhört. Jedenfalls sagt er jetzt: »Ich schlage euch etwas vor. Ihr lasst die Kette dran, aber ihr macht die Tür einen kleinen Spalt weit auf, dass ich euch meine Geschenke durchreichen kann.«

»Nicht einmal das«, sagt Tante Erni.

»Dann nicht, es ist euer eigenes Pech«, sagt er. Anne und Tante Erni hören, wie er davonstapft. Tante Erni schimpft hinter ihm her, aber Anne ist bockig, sie hätte gern dem Nikolaus aufgemacht. Doch dann denkt sie daran, dass sie Mama und Papa versprochen hat, folgsam zu sein.

Als Anne am anderen Morgen für Tante Erni die Zeitung hereinholt, findet sie zwei Päckchen auf der Türschwelle. Die sind nass und aufgeweicht vom Regen. Anne legt sie Tante Erni auf den Frühstückstisch. Auf dem einen steht: »Für Anne«, auf dem anderen: »Für Tante Erni.«

»Die hat der Nikolaus dagelassen«, sagt Anne.

»Nicht anfassen!«, ruft Tante Erni. »Das kenne ich aus der Zeitung. Sie legen harmlose Päckchen vor die Tür, und dann sind es Bomben!« Sie holt die Müllschaufel, legt beide Päckchen vorsichtig darauf und trägt sie in den Garten. Dort wirft sie alles unter ein Gebüsch.

»So«, sagt sie zufrieden, »hier können sie meinetwegen in die Luft fliegen.« Aber dann rennt sie in das Haus, so schnell sie kann.

Später schleicht sich Anne heimlich hin und bringt die Päckchen in ihr Zimmer. In dem einen, auf dem ihr Name steht, sind klebrige Bonbons und eine Stoffkatze mit einem aufgeweichten Hinterteil. In dem anderen, das für Tante Erni sein soll, ist ein hübsches Taschentuch mit einer Spitzenkante. Das trocknet Anne auf der Heizung und gibt es Tante Erni beim Mittagessen.

»Wie nett und aufmerksam von dir«, sagt Tante Erni. Sie fragt nicht, woher Anne das Tuch hat.

Zum Wochenende kommen Papa und Mama nach Hause. Mama ist sehr stolz, wie tüchtig sie beide waren. Wenn sie noch eine Woche mit Papa mitfährt, können sie richtig lange Weihnachtsferien machen. Es kommt natürlich darauf an, ob Tante Erni noch so lange dableibt. Tante Erni sagt ja, wenn nicht allzu oft solche aufregenden Dinge passieren wie an jenem Abend, als der Nikolaus zu ihnen hineinwollte. Und dann erzählt sie alles ganz genau.

»Es war ein Strolch mit riesengroßen Pranken, einem Stoppelbart und stechenden Augen«, sagt sie. Anne wundert sich, dass Tante Erni ihn so genau beschreibt, denn sie hat ihn niemals durch das Guckloch angeschaut. Papa und Mama lachen.

Später liegt Anne im Bett und hört, wie Papa mit einem Kollegen telefoniert. Er bespricht allerlei Geschäftliches und dann sagt er: »Sie findet, du siehst aus wie ein Strolch.«

# Die Silbergeschichte

Als Frau Muschler auf dem Dachboden ihre Wäsche aufhing, kam die alte Nachbarin, die in ihrem Verschlag gekramt hatte.

»Ich habe etwas für Julchen zu Weihnachten«, sagte sie.

»Wie nett von Ihnen«, sagte Frau Muschler, »da wird sich Julchen gewiss freuen.«

Die alte Nachbarin schleppte etwas an, was nur so knarrte und quietschte. Es war ein altmodischer Puppenwagen. Er war verbogen und hatte nur drei Räder. Das vierte lag mit dem Verdeck zusammen in dem Korb, in den eigentlich die Puppen gehörten.

Frau Muschler bekam einen Schreck, als sie das alte Gerümpel sah. Aber weil sie sich nicht traute, das Geschenk abzulehnen, bedankte sie sich und schleppte den Puppenwagen in ihre Wohnung.

Als Julchen am Abend im Bett war, schob sie ihn ins Zimmer.

»Sieh dir das Ding hier an«, sagte sie zu ihrem Mann, der vor dem Fernseher saß, »das hat die alte Nachbarin für Julchen gebracht. Damit lachen die anderen Kinder sie ja aus! Aber was sollte ich machen, die Nachbarin meinte es gut.«

Herr Muschler sah nicht nur fern, sondern las außerdem noch die Zeitung. Er brummte nur: »Hm, so, so, ja, ja, hm.«

»Du findest ihn also auch so scheußlich wie ich«, fuhr Frau Muschler fort. »Meinst du, es würde sich lohnen, ihn noch einmal zu retten? Wenn ich nur wüsste, wie Julchen darüber denkt.«

Herr Muschler sah nicht nur fern und las dabei die Zeitung, sondern steckte sich auch noch eine Zigarette an. Er murmelte: »Ja, ja, so, so, fffft«, und blies das Streichholz aus.

Frau Muschler drehte den Puppenwagen hin und her. Das Gestänge war verbogen und voller Rost. Das Strohgeflecht löste sich auf. Die Gardinen am Verdeck waren nur noch Lumpen.

»Armes Julchen«, seufzte sie, »in solch einem Monstrum soll sie ihre schönen Puppen spazieren fahren. Aber sicher fragt mich die alte Nachbarin eines Tages, was Julchen gesagt hat, und was mache ich dann?«

Herr Muschler sah nicht nur fern, las dabei die Zeitung und rauchte, sondern schenkte sich zur gleichen Zeit ein Glas Bier ein. »Hm, hm, hm«, sagte er.

Frau Muschler begann am Gestänge des Puppenwagens zu zerren, bis es einigermaßen gerade war. Es gelang ihr, das Rad festzumachen. Auch das Verdeck brachte sie wieder an die Stelle, wo es hingehörte. Als sie das Strohgeflecht mit Bindfaden flickte, zerstach sie sich die Finger. In der Küche scheuerte sie den ganzen Puppenwagen mit einer Bürste und heißem Seifenwasser. Sie kramte aus ihrem Schrank einen alten Unterrock hervor, den sie schon lange nicht getragen hatte. Damit fütterte sie das Verdeck. Die Spitze vom Saum gab eine Rüsche rundherum.

Das Fernsehen war zu Ende und Herr Muschler fand in der Zeitung nichts Neues mehr. Er trank sein Bier aus, drückte die Zigarette aus und kam in die Küche.

»Zeit zum Schlafen«, sagte er. Dann sah er den Puppenwagen. »Nanu, das ist ja ein tolles Fahrzeug. Woher stammt denn das?«

»Ich habe es dir schon ein paar Mal erklärt«, sagte Frau Muschler, »aber du hörst mir ja nicht zu.«

Herr Muschler fand den Puppenwagen ganz manierlich, nur etwas farblos. Er überlegte und begann dann, in seinem Werkzeugschrank, auf dem Regal und schließlich in der Speisekammer zu kramen. Im Besenschrank fand er, was er suchte. Es war eine große Dose Silberbronze, die er für sein Auto gekauft hatte. Er schob Frau Muschler zur Seite und begann das Gestell zu versilbern.

»Die Räder auch«, verlangte Frau Muschler. Sie hielt ihm die Farbe und er strich nach den Rädern auch noch den Griff an. Dann standen beide da und sahen den Puppenwagen mit schiefem Kopf an.

»Er könnte Julchen vielleicht doch gefallen«, sagte Frau Muschler. Herrn Muschler tropfte etwas Silberbronze auf das Verdeck.

»Pass auf«, rief Frau Muschler und versuchte, es mit ihrer Schürze wegzureiben. Der Klecks blieb. Da strich Herr Muschler auch das Verdeck silbern. Als es fertig war, rann

an mehreren Stellen die Silberbronze in das Strohgeflecht. Nach kurzer Zeit war es gestrichen und Herr Muschler stellte die Farbdose auf das Frühstückstablett. Der Puppenwagen war jetzt wirklich prachtvoll. Dafür hatte das Tablett einen Ring. Es blieb nichts anderes übrig, als es zu streichen. Dabei kleckste Herr Muschler den Herd voll.

Schon immer hatte sich Frau Muschler eine versilberte Herdplatte gewünscht. Sie brachte schnell noch einiges, was Herr Muschler anstreichen sollte: den Lampenfuß, den Spiegelrahmen, den alten Mülleimer und die Küchenwaage. Herr Muschler strich außerdem noch das Ofenrohr, die Gardinenstange, die Türgriffe und den Wasserkessel.

»Du hast keine Angst, dass es etwas überladen wirken könnte?«, fragte er zwischendurch. Aber Frau Muschler konnte nicht genug Silber sehen. Er musste außerdem noch alles streichen, was Farbspritzer abbekommen hatte.

»Zum Beispiel deine Nase«, sagte er und kam mit dem Pinsel auf Frau Muschlers Gesicht zu.

»Lieber deine Schuhe«, rief sie quietschend.

Herrn Muschlers Schuhe waren voller Silberflecke. Weil es die alten waren, kam es nicht darauf an. Er zog sie aus und schon waren sie silbern. Sie waren nicht wieder zu erkennen.

Aber die Farbe war auch alle.

Herr und Frau Muschler kamen vor Lachen außer Atem und mussten sich hinsetzen.

»Was macht ihr für einen Lärm?«, fragte Julchen und tappte in die Küche. Sie sah überall Silber. Mitten im Raum stand der schönste Puppenwagen, den sie je gesehen hatte.

»Für wen ist der?«, fragte sie.

»Der ist für dich«, sagte Frau Muschler.

»Und wem gehören die Silberschuhe?«, fragte sie.

»Die gehören mir«, sagte Herr Muschler. Aber das konnte er Julchen nicht weismachen.

Irgendjemand war gekommen und hatte den Puppenwagen gebracht. Alles, was er angefasst hatte, war zu Silber geworden. Er hatte seine Schuhe ausgezogen, um niemanden zu stören, und hatte sie dann vergessen.

»Na, meinetwegen, so könnte es auch gewesen sein«, sagte Frau Muschler.

Sie schickte Julchen am anderen Morgen zur Nachbarin: »Erzähl ihr deine Geschichte, sie freut sich darüber!« Julchen nahm zum Beweis die Silberschuhe mit.

# Die Geschichte vom Natron

Manchmal kommt vormittags Frau Voß. Sie sagt, sie will irgendwas von Mama borgen oder sie um einen Gefallen bitten. Das ist sicher nur ein Vorwand, denn sie setzen sich an den Küchentisch, rauchen Zigaretten und reden miteinander.

Papa sagt, Frau Voß hielte Mama von der Arbeit ab; wenn sie da sei, gäbe es nie rechtzeitig Mittagessen, und überhaupt bliebe alles liegen. Ihm ist Frau Voß ein Dorn im Auge.

Mama sagt, sie kann sich in ihrer Gesellschaft entspannen. Da knallt Papa die Türen zu und geht nach unten, um das Auto zu waschen.

»Hat er was gegen mich?«, fragt Frau Voß.

»Aber ich bitte Sie«, sagt Mama.

»Ja«, sagt Frau Voß, »jetzt vor Weihnachten häuft sich alles: Waschen, Putzen, Vorbereiten. Man weiß nicht, wo einem der Kopf steht!«

Mama nickt.

»Und«, sagt sie, »wenn man nicht dauernd hinterher ist, bleibt alles liegen. Wer macht es denn, wenn nicht wir!«

Frau Voß nickt.

»Früher«, sagt sie, »da hat man noch Zeit gehabt. Jetzt kommt man zu gar nichts mehr.« Mama nickt.

Papa kommt herein und sucht den großen Schwamm. Er wirft ein: »Wer herumsitzt, kommt am allerwenigsten zu etwas!« Hinter ihm kracht die Tür zu.

»P«, sagt Mama.

»Wenn ich denke«, sagt Frau Voß, »was wir früher alles gebacken haben. Erinnern Sie sich an gepuderte Nelkensterne?« Und Mama nickt.

Barbara und Stefanie, die eben aus der Schule kommen, rufen: »Schmecken die gut?«

»Hervorragend«, sagt Frau Voß, »kein Vergleich zu dem Zeug, das man heute fertig kauft!«

»Warum backt ihr keine?«, fragt Stefanie.

»Sie machen zu viel Arbeit«, sagt Mama.

»Schade, es ist höchste Zeit, dass ich gehe«, sagt Frau Voß. »Soweit ich mich erinnere, brauchte man Eischnee, Puderzucker und etwas Mehl.«

»Und natürlich Nelken«, sagt Mama. Sie stellt schon die Zutaten auf den Tisch. »Aber diese viele Arbeit, die man niemandem zumuten kann«, sagt sie.

»So schlimm ist es gar nicht. Nur der Teig muss eine Stunde geknetet werden«, sagt Frau Voß und schlägt die Eier in die Schüssel.

»Wir möchten gern helfen«, rufen Barbara und Stefanie.

»Ihr könnt dann den Teig ausrollen und die Sterne ausstechen«, sagt Mama; sie steht da und möchte auch etwas tun.

»Kennen Sie krosse Mandelkringel?«, fragt sie.

Frau Voß kann sich nicht entsinnen; wie Mama sie schildert, müssen sie jedoch vorzüglich sein. Die Zutaten reichen noch und Mama rührt schnell den Teig an. Barbara und Stefanie stechen die Nelkensterne aus. Jetzt hat Frau Voß nichts mehr zu tun. Sie will auf jeden Fall abwarten, wie die gepuderten Nelkensterne gelingen. Darum sagt sie, dass sie schnell einmal die runden Luftkuchen macht, die sie von ihrer Großmutter kennt. Sie braucht dazu nur zwölf Eier, etwas Mehl und Zucker. Doch so viele Eier hat Mama nicht mehr.

In diesem Augenblick klingelt Herr Voß. Er hat Hunger und möchte wissen, wann es Mittagessen gibt.

»Dreh gleich um, lauf zum Kaufmann und hol uns zwanzig Eier, ein paar mehr können nicht schaden, wer weiß, wozu wir sie noch brauchen!«, sagt Frau Voß und schiebt ihn zur Tür hinaus. Sie hat alle zehn Finger voll Mehl, das ist jetzt auf seinem Rücken. »Und ein Tütchen Hirschhornsalz!«, ruft sie hinter ihm her.

»Wohin so eilig?«, fragt Papa. Er taucht hinter dem nassen Auto auf.

»Hirschhornsalz und Eier kaufen«, ruft Herr Voß und eilt davon. Papa weiß, was man alles aus Eiern macht, aber wozu man Hirschhornsalz braucht, weiß er nicht. Hoffentlich hat es Frau Voß Mama nicht gegen Kopfschmerzen eingeredet oder um seine Stiefel wasserfest zu machen. Frau Voß ist Papa ein Dorn im Auge. Er meint, jetzt endlich nach dem Rechten und nach dem Mittagessen sehen zu müssen.

Aber Mama lässt ihn nicht in die Wohnung. An der Tür ruft sie ihm zu: »Mach schnell und bring Zimt, Honig und drei Kilo Zucker!« Auch Papa bekommt zehn mehlige Fingerabdrücke auf den Rücken. Während die gepuderten Nelkensterne abkühlen, die krossen Mandelkringel in der Röhre duften und Frau Voß darauf wartet, runde Luftkuchen zu backen, hat sich Mama gefüllter Honighörnchen entsonnen.

»Hm, die müssen gut sein«, meinen Barbara und Stefanie. Sie lecken alle Schüsseln aus und stecken sich heimlich heiße Nelkensterne in den Mund.

Papa springt die Treppe hinunter, wo ihm atemlos Herr Voß mit einem schweren Einkaufsbeutel entgegenkommt. Aber auch er muss sofort wieder umkehren und aus der Drogerie Sukkade, Kardamom und Natron bringen. Er holt Papa und fragt, ob der weiß, wozu das gut ist.

»Keine Ahnung«, sagt Papa und geht mit in die Drogerie.

»Hoffentlich ist niemand krank«, sagt der Drogist.

»Warum?«, fragen Papa und Herr Voß.

»Nun«, sagt der Drogist, »Natron nimmt man gewöhnlich gegen Magenweh. Allerdings auch zum Kuchenbacken, doch das ist aus der Mode.«

Papa erfährt nicht, ob jemand krank ist. Ehe er zu Hause fragen kann, hat Mama ihm die Tasche abgenommen und ihn wieder zum Kaufmann geschickt. Diesmal muss er Butter, Rohzucker und Rum holen, dazu schon wieder Mehl und Eier. Nicht anders ergeht es Herrn Voß. Sie jagen treppauf, treppab, zum Kaufmann, zum Drogisten und wieder zurück. Und nie gelangen sie bis in die Küche.

Nachdem die Läden geschlossen sind, verlangen Mama und Frau Voß, dass die Männer beim Kaufmann an die Rollläden pochen und beim Drogisten nebenan klingeln. Insgesamt laufen sie achtundzwanzigmal hin und her.

»Bald haben Sie meinen ganzen Laden ausgekauft. Was ist los bei Ihnen?«, fragt der Kaufmann.

»Wir wissen es nicht«, sagen Papa und Herr Voß erschöpft.

»Es könnte krankhaft sein!«, ruft der Drogist über die Straße. »Sollen wir mitkommen und nachsehen?«

Das ist Papa und Herrn Voß nur recht. Alle zusammen steigen sie die Treppe hoch und klingeln. Barbara macht auf. Sie ist ganz blass, und Papa fragt: »Was ist mit dir?«

»Mir ist so schlecht«, sagt sie. »Stefanie auch, sie liegt schon im Bett.«

»Ich habe es geahnt!«, ruft der Drogist. »Es handelt sich um eine ansteckende Erkrankung!«

Papa reißt die Küchentür auf. Da sitzen Mama und Frau Voß am Tisch und erzählen. »Kommt rein, wir sind fertig«, rufen sie.

Die Küche duftet nach Zimt, Rum und Nelken. Überall türmen sich Berge von Plätzchen und Weihnachtsgebäck.

Die Türen zu den anderen Räumen stehen offen und alles liegt voller Backwerk.

»Wer will probieren?«, fragt Mama.

»Na so was«, sagt Papa. Er ist sprachlos. Nie wieder will er behaupten, dass Frau Voß Mama von der Arbeit abhält.

Herr Voß, der Kaufmann, der Drogist und Papa essen, so viel sie können. Mama und Frau Voß mögen nicht, sie haben so oft ihre süßen Finger abgeschleckt, dass sie jetzt Appetit auf eine saure Gurke haben.

»Was ist mit Barbara und Stefanie?«, fragt Papa.

»Sie haben sich den Magen verdorben, aber das ist bis Weihnachten wieder gut«, sagt Mama.

»Dagegen hilft eine Messerspitze Natron in Wasser«, sagt der Drogist.

# Die Fernsehgeschichte

Am Nachmittag hatte es Mama satt.

Frühmorgens war sie in der Stadt gewesen. Sie hatte sich mit vielen Menschen durch die weihnachtlich geschmückten Kaufhäuser gedrängt und Geschenke erstanden. Später, im Bus, war ihr der Einkaufsbeutel gerissen, und bis sie zu Hause war, waren ihre Arme lahm. Gegen Mittag hatte sie beim Fensterputzen eiskalte Finger bekommen. Als danach die Weihnachtsplätzchen in der Backröhre waren, hatte das Telefon geklingelt, da waren alle Plätzchen verbrannt. Dann ließ Mama beim Abwaschen den Deckel von der Kaffeekanne fallen, nun konnte sie die Kanne nicht mehr benutzen und hatte es satt: sie wollte eine Weile Ruhe haben.

Nebenan begann gerade die Kinderstunde im Fernsehen. Mama hörte, wie es quakte und quietschte und wie Peter und Melanie vor Vergnügen laut lachten.

»Bitte geht ein bisschen nach draußen, ihr wart heute noch nicht an der frischen Luft«, rief Mama und blieb unerbittlich, sosehr sich Peter und Melanie auch sträubten. Sie schob beide aus der Tür, drehte den Fernseher ab und legte sich hin.

Peter und Melanie standen auf dem Hof.

Es war kalt und nass. Vor ein paar Tagen hatte es geschneit. Der Hauswart hatte den Schnee zu großen Haufen geschippt, die waren inzwischen grau und schmutzig. Da stand noch seine Schaufel. Verdrossen rammte Peter mit ihrem Stiel Löcher in den Schnee, eins neben dem anderen.

»Ich habe eine riesengroße Wut!«, schrie er.

»Aber ich erst«, rief Melanie und trat gegen die Schneehaufen.

»Was macht euch denn so wütend?«, fragte der Hauswart.

»Mama hat uns den Fernseher abgestellt und uns weggeschickt, nur weil sie ihre Ruhe haben will«, riefen Peter und Melanie.

»Wenn ihr immer so brüllt, kann man das verstehen«, sagte der Hauswart. »Deshalb macht ihr auch nun wohl selbst Fernsehen?« Und er zeigte auf die Löcher.

»Wieso?«, fragten Peter und Melanie.

»Na, wenn man will, kann man ganz tief unten in jedem Loch ein anderes Programm sehen. Es ist natürlich nicht deutlich wie in einem richtigen Gerät, aber wenn ihr euch Mühe gebt, erkennt ihr es.«

»Das glaube ich nicht«, sagte Peter.

Der Hauswart beugte sich tief über ein Schneeloch: »Also in diesem hier läuft eben ein Cowboyfilm, ganz toll! Sie jagen mit den Pferden, dass man Angst bekommen kann – da, hab ich mir doch gedacht, dass der kleine Dicke runterfällt, er hat sich fast den Hals gebrochen!«

Melanie saß neben ihm: »Aber ich seh gar nichts!«

Der Hauswart stand auf und schob Melanie fast mit der

Nase in das Loch hinein: »Sieh nur genau hin! Es ist ganz tief unten und ziemlich winzig, aber ist gut zu erkennen.«

»Stimmt das?«, fragte Peter.

»Ich weiß nicht«, sagte Melanie, »ich glaube schon.«

»Aber Melanie«, sagte der Hauswart, »du siehst doch, wie die Cowboys absteigen und ein Lagerfeuer machen. Und da auf dem Hügel links taucht ein Indianer auf.«

»Ich sehe ihn, ich sehe ihn!«, schrie Melanie.

»Lass mich mal«, rief Peter und schubste Melanie weg.

»Komm her«, sagte der Hauswart. Er zog Peter am Kragen vor ein anderes Loch: »Du bekommst das zweite Programm. Geh ganz dicht heran und gib genau acht. Es dauert eine Weile, bis du etwas erkennst. Das ist genau wie bei anderen Fernsehern. Na, ist das Bild schon da?«

»Noch nicht«, sagte Peter enttäuscht.

»Gib dir mal ein bisschen Mühe, du bist doch nicht dümmer als Melanie. Soviel ich weiß, gibt es gerade einen Zeichentrickfilm von einer Ente, die nicht schwimmen kann. Sie versucht es immer wieder, aber sie geht unter wie ein Stein.«

»Siehst du das?«, fragte Melanie.

»Klar«, behauptete Peter, »die Ente ist so blöd, dass sie auch mit dem Fliegen nicht zurechtkommt und immer wieder auf den Schnabel fällt. Ein Glück – sie kann wenigstens laufen!«

»Bitte, bitte, lass mich die Ente sehen!«, rief Melanie.

Aber Peter ließ sie nicht. Da hockte sich Melanie vor ein neues Schneeloch und sagte: »Dann darfst du auch nicht gucken, wie wir in den Ferien die Autopanne hatten, wie ihr alle geschoben habt und ich lenken durfte!«

»Na wenn schon«, rief Peter, »dafür hab ich ein Loch mit der Mondlandung. Und wer setzt wohl seinen Fuß als Erster dort auf? Darauf kommst du nie! Ich bin es, ich!«

»Ist mir doch egal«, gab Melanie zurück, denn sie sah sich einen tollen Film an, in dem sie selbst die Hauptrolle spielte.

Peter und Melanie stießen mit dem Schaufelstiel immer neue Löcher in den Schneehaufen und steckten ihre Nasen hinein.

Oben riss Mama das Fenster auf und rief: »Peter, Melanie, steht sofort auf, ihr seid ganz nass! Kommt herauf, ehe ihr euch erkältet!«

Sie mussten warme Hausschuhe anziehen und Mama sagte: »Wenn ihr wollt, könnt ihr weiter fernsehen.« Aber sie mochten nicht mehr. Sie sahen aus dem Fenster. Unten stand der Hauswart, beugte sich über eins der Löcher, sah lange hinein, schüttelte dann den Kopf und ging weg.

# Die Geschichte vom Wunschzettel

Wolfgang und Susanne schrieben auf ihren Wunschzettel dies und das, aber einen Wunsch unterstrichen sie dick mit dem roten Filzstift: »Wir möchten einmal so lange aufbleiben, wie wir wollen.«

»Warum nicht?«, meinten Papa und Mama. Sie feierten miteinander das Weihnachtsfest, es gab viele Geschenke, sie hatten etwas Gutes zu essen, und als es Zeit war, sagten Papa und Mama: »Wir sind nun müde und gehen zu Bett. Gute Nacht.«

»Das ist recht«, sagte Susanne, »und vergesst nicht, euch die Zähne zu putzen.«

»Und lest nicht noch!«, rief Wolfgang hinterher.

»Dazu sind wir viel zu müde«, meinte Mama und gähnte. Als Wolfgang und Susanne allein waren, hopsten sie in die Sessel und streckten die Beine aus. Dann aßen sie viel Marzipan. Susanne fand, sie sollten die Eltern noch zudecken und ihnen einen Gutenachtkuss geben. Das taten sie und Mama und Papa ließen es sich gern gefallen.

Dann gingen Wolfgang und Susanne wieder in das Wohnzimmer zurück und stellten den Fernseher an. Ein Chor sang endlose Weihnachtslieder, das war langweilig. Im anderen Programm kamen Nachrichten und die Wetterlage.

»Warum gibt es keine Kinderstunde?«, fragte Susanne.

»Na, überleg mal«, sagte Wolfgang, »weil alle Kinder jetzt im Bett liegen.«

Das befriedigte sie sehr.

Sie schalteten den Fernseher wieder aus und gingen in die

Küche. Im Kühlschrank waren eine Menge guter Sachen, aber sie hatten keinen Hunger. Sie tranken nur etwas Sprudel, dann gingen sie ins Zimmer zurück. Sie saßen wieder in den Sesseln.

»Klasse, wenn man so lange aufbleiben kann«, sagte Wolfgang. Susanne nickte und gähnte. Sie hatten Bücher bekommen, die lasen sie jetzt und aßen noch mehr Marzipan. Susanne holte den Sprudel aus der Küche, und weil sie die Gläser vergessen hatte, tranken sie gleich aus der Flasche. Wolfgang lief der Sprudel in den Pullover, das war kalt und klebrig. Er zog sich aus und probierte Papas neuen Schlafanzug an. Das fand Susanne komisch. Mama hatte einen Unterrock bekommen, den zog sie über.

»Huch, wir sind Gespenster«, flüsterten sie. Sie steckten die Köpfe durch die Schlafzimmertür, aber Papa und Mama schliefen fest, da zogen Wolfgang und Susanne wieder ab.

Sie versuchten es noch einmal mit dem Fernseher. Auf allen Programmen rauschte und flimmerte es.

»Der ist kaputt«, sagte Susanne.

»Ach was, die Sendungen sind aus«, antwortete Wolfgang.

»Jetzt sind die Erwachsenen auch alle im Bett, für wen sollen sie da noch spielen?«

»Zum Beispiel für uns!«, entgegnete Susanne. Sie saß kerzengerade im Sessel.

Wolfgang schaltete wieder aus. Es war ganz still. Einmal knackte der Schrank.

Das Licht war sehr hell.

»Wie lange wollen wir eigentlich noch aufbleiben?«, fragte Susanne.

»Bis zum Morgen«, sagte Wolfgang.

Ihre Augen brannten so merkwürdig, darum knipste er die Lampe aus. Er trat gegen die Sprudelflasche und taumelte gegen Susannes Sessel. Sie zog ihn an den Haaren und das tat ihm weh. Da kniff er sie in den Arm.

Susanne rannte vor Wolfgang davon und versteckte sich in ihrem Bett. Wolfgang war schnell unter seine Decke gekrochen, dass Susanne ihn nicht finden konnte.

Sie schliefen bis zum nächsten Nachmittag. Als sie aufwachten, war es draußen schon wieder dunkel. Papa und Mama waren längst aufgestanden. Sie hatten gefrühstückt, waren spazieren gegangen, hatten Besuch gehabt, etwas ferngesehen und gefaulenzt.

Der erste Weihnachtstag war vorbei.

# Die Puppengeschichte

Es gibt Puppen, die können sitzen und laufen, lachen, weinen und sprechen, sie haben Schlafaugen und Haare zum Kämmen und man kann sie sogar füttern.

Solch eine Puppe wünschte sich Jens zu Weihnachten. Abgesehen davon, dass Großmama es merkwürdig fand, wenn ein Junge mit einer Puppe spielen wollte – abgesehen davon also meinte sie, diese Puppen seien viel zu teuer und eine einfache täte es ebenso gut. Jens bekam eine Puppe von ihr, die zwar nicht laufen, lachen, weinen oder sprechen konnte. Die auch keine Schlafaugen und keine Haare zum Kämmen hatte, die aber recht groß war und niedlich aussah. Sie hatte im Mund ein kleines Loch, in das man einen Puppenschnuller stecken konnte, und sie war weich und leicht.

Jens war zufrieden und nannte die Puppe Manuela.

Er baute ihr aus Schachteln ein Haus, machte ihr aus Kissen ein Bett, setzte sie neben sich an den Mittagstisch und ließ sie in der Badewanne schwimmen, denn Manuela war aus Plastik.

Am zweiten Feiertag kamen Tante Helga und Kathi zu Besuch.

Kathi brachte ihre neue Puppe mit, die hieß Olivia. Vielmehr, heute hieß sie Olivia, gestern hatte sie Annaluise geheißen und morgen würde sie wieder einen anderen Namen haben. Kathi konnte sich noch nicht endgültig entscheiden, jedoch der Name Manuela gefiel ihr auch. So konnte Olivia vielleicht nächste Woche heißen.

Kathis Puppe konnte sitzen und laufen, weinen und lachen, auf dem Rücken hatte sie eine Klappe, in die man winzige Kassetten stecken musste, dann sagte sie: »Mutti, hab mich lieb, ich habe Hunger, ich bin müde.«

Kathi konnte Olivia auch füttern, dazu hatte sie eine kleine Milchflasche, aus der trank Olivia. Nach einer Weile wickelte ihr Kathi die Windeln auseinander, denn Olivia hatte sich nass gemacht, das kam von der Milch. Kathi wischte sie mit Zellstoff ab, legte sie trocken und wickelte sie neu. Dann kämmte sie ihr eine andere Frisur und Olivia klappte mit den Augendeckeln. Inzwischen lief in ihrem Rücken eine Kassette, auf der sie vor Vergnügen krähte und lachte.

Kathi gab mit Olivia ziemlich an und Jens fand sein Puppe plötzlich langweilig.

»Natürlich kommt sie gegen Olivia nicht an«, sagte Kathi großzügig, »aber man kann mit Manuela mehr anfangen, als du denkst. Wenn sie zum Beispiel keinen Schnuller im Mund hätte, könnte sie aus Olivias Flasche trinken.«

Sie liefen in der Küche an den Kühlschrank und füllten die Flasche neu mit Milch. Manuela konnte beträchtlich mehr trinken als Olivia. Sie schluckte und schluckte, dass Jens staunte, wie viel sie brauchten. Endlich kam die Milch oben aus dem kleinen Loch im Mund wieder heraus, wenn Kathi der Puppe noch mehr geben wollte. Als Jens auf den Plastikbauch drückte, spuckte Manuela sogar. Kathi gab zu, dass selbst Olivia nicht spucken konnte. Jens war stolz auf seine Puppe. Er trug sie in ihr Schachtelhaus und legte sie schlafen. Manuela war sehr schwer geworden und sicher auch sehr müde.

Nach einigen Tagen behauptete Großmama, in der Wohnung sei ein merkwürdig säuerlicher Geruch. Sie hatte schon immer eine empfindsame Nase gehabt. Als es nicht besser wurde, suchte sie im Zimmer von Jens nach alten Broten. Er aß manchmal bei Tisch nicht auf, nahm sich etwas in sein Zimmer mit und vergaß es dann. Letzthin hatte es Käsebrote gegeben.

Doch Großmama fand nichts. Der Geruch wurde schlimmer. Großmama trug einen dicken Schal, weil sie oft das Fenster aufriss, um zu lüften. Der Postbote, der gern witzig sein wollte, steckte seinen Kopf durch die Tür und fragte: »Halten Sie hier eine Kuh?« Das war Großmama peinlich, denn sie war stets sauber und ordentlich und hatte es gern, wenn die Leute das merkten. Sie ließ jetzt ständig die Fenster offen und alle Gardinen wehten im Wind. Jens musste zum Essen seinen Anorak anbehalten, denn Großmama wollte nicht, dass er sich erkältete.

Drei Tage später bekam Großmama nachmittags Kaffeebesuch von zwei alten Freundinnen. Natürlich machte sie jetzt die Fenster zu, aber sie stellte unter die Möbel und hinter die Vorhänge Schüsseln mit Wasser, in das sie Zitronenscheiben legte. Trotzdem beobachtete sie, wie sich die Freundinnen ansahen und dabei schnüffelten.

»Komm her, Jens«, rief sie, um die Freundinnen abzulenken, »komm und zeig uns deine neue Puppe!«

»Ein Junge, der mit Puppen spielt?«, rief die eine Freundin belustigt.

»Und warum bitte nicht?«, fragte Großmama erbost.

Die andere Freundin nahm Jens die Puppe ab und setzte sie sich auf den Schoß. »Wie schwer die Puppen heutzutage sind, man kann sie kaum tragen«, sagte sie.

»Sie sind leichter als zu unserer Zeit«, sagte Großmama, »diese hier wiegt kaum etwas, sie ist aus Plastik, ich habe sie selbst ausgesucht.«

Die Freundin erwiderte: »Dieses Plastikzeug stinkt fürchterlich. Es muss eine neuartige Mischung sein, die so schwer wie ein Stein ist.«

Großmama bekam eine laute Stimme, als sie sagte: »Seit vierzig Jahren weißt du alles besser.« Sie nahm ihr die Puppe vom Schoß – und ließ sie fast fallen.

»Warum ist sie so schwer?«, rief sie.

»Sie hat so viel getrunken«, sagte Jens.

»Und warum stinkt sie so?«, fragte sie weiter.

»Sie stinkt nicht«, sagte Jens.

»Schaff sie weg, darüber sprechen wir später!«, rief Großmama.

Und sie fragte die Freundinnen, ob noch jemand Kaffee wollte. Die Freundinnen behaupteten, von der Luft hier seien sie etwas benommen und müssten nun gehen.

Das war Großmama ganz recht, denn sie wollte sich Manuela genau ansehen. Jens fand, dass sie sich anstellte, als sie dabei ihre Nase zuhielt. Er sagte, Manuela habe Milch aus Kathis Flasche bekommen und nun ginge sie beim Schwimmen immer unter.

»Mir geht ein Licht auf«, stöhnte Großmama, »sie ist voll Milch gepumpt, an die keine Luft kommt. Die Milch ist sauer geworden, dann zu Quark und jetzt zu Käse. In diesem Plastikbauch riecht alles ganz besonders scheußlich.«

Sie trug Manuela nach draußen. Jens rannte hinterher und fragte: »Was machst du mit ihr?«

»Ich werfe sie unten in die Mülltonne«, sagte Großmama. Jens brüllte und klammerte sich an sie, dass sie nicht die Treppe hinunterkam. Im Haus klappten Türen.

»Mach hier keinen Skandal«, sagte Großmama.

Sie ging mit Manuela in die Wohnung zurück. Jens sprang an ihr hoch und wollte ihr die Puppe wegreißen.

»Lass das«, wehrte sich Großmama, »es ist nichts mehr mit ihr zu machen, sie muss weg. Und hör bitte mit diesem Gebrüll auf. Du bekommst eine neue Puppe. Meinetwegen eine, die singen und hopsen kann.«

Aber Jens wollte nur Manuela. Er war so unglücklich.

Das sah Großmama endlich ein: »Dann werden wir sie operieren. Hoffentlich übersteht sie es!« Sie machte das Fenster weit auf und legte eine Wachstuchdecke auf den Küchentisch. Darauf kam Manuela. Großmama schnitt ihr erst mit dem Kartoffelmesser und dann mit der Küchenschere den Bauch auf. Nun fand auch Jens, dass sie nicht besonders gut roch. Großmama lehnte sich eine Weile aus dem Fenster. Dann hielt sie Manuela wie einen Fisch unter die Wasserleitung und spülte alles aus dem Bauch in den Ausguss. Sie brauchte viel heißes Seifenwasser, um sie wieder und wieder gründlich auszuwaschen. Zwischendurch schnupperte sie an ihr und schüttelte den Kopf. Manuela roch immer noch.

»Sie muss noch einige Tage lüften«, entschied Großmama. Sie band um den einen Fuß der Puppe einen Bindfaden und hing sie draußen an das Fensterkreuz. Es sah traurig aus, wie Manuela, federleicht und mit offenem Bauch, im Wind schaukelte.

Großmama sagte: »Später bekommt sie einen Verband aus Klebestreifen. Wenn sie etwas anhat, sieht man gar nichts.«

Jens war froh und dachte, dass Olivia mit den Lockenhaaren und der Kassette im Rücken das alles nicht überstanden hätte.

Er lief nach unten auf den Hof zu den anderen Kindern. Dieter hatte gerade entdeckt, was da am Fensterkreuz hing. Er hüpfte herum und schrie: »Jens hat endlich genug von der Puppe, er hat sie geschlachtet, es gibt Puppenbraten.«

Manchmal verstand Jens keinen Spaß. Dieter zog heulend ab.

# Die Briefgeschichte

Am Samstag ist Mama froh, dass Papa und Andreas fortgehen. Sie stören nur, wenn Mama den Haushalt macht und das Baby versorgt. Aber bitte, zum Mittagessen sollen sie pünktlich wieder da sein. Denn danach muss Andreas endlich den Weihnachtsbrief an die Großeltern schreiben.

»Ja, ja!«, ruft Andreas zurück. Er hat keine Lust dazu. Papa und Andreas fahren tanken; dann holen sie Mamas Mantel von der Reinigung ab und schlendern über den Markt. Schließlich will Andreas noch zum Trödler. Es macht ihm Spaß, dort mit Papa in dem alten Gerümpel herumzustöbern. Viele Dinge muss ihm Papa erklären; die meisten sind so alt, dass man sie nicht mehr braucht, weil man dafür etwas anderes hat. Zum Beispiel benutzt niemand mehr eine Öllampe, seit es das elektrische Licht gibt. Man rührt auch keine Butter mehr in einem Holzfass, sondern kauft fertig abgepackte Stücke, die aus der Molkerei kommen. Wer mahlt noch den Kaffee mit der Hand, in so einer altmodischen Kaffeemühle? Jetzt steckt man einfach den Stecker in die Wand – und schon ist der Kaffee gemahlen. Andreas findet es spannend, wenn ihm Papa erzählt, wie es früher war.

Manchmal kaufen sie auch etwas beim Trödler. Einmal haben sie eine Blechkanne mit nach Hause gebracht, in der man Wasser holte, als noch nicht in jeder Wohnung eine Wasserleitung war. Ein anderes Mal hat Papa einen seidenen Sonnenschirm gekauft, wie ihn früher die Damen trugen, um nicht von der Sonne verbrannt zu werden. Mama ruft zwar immer: »Wenn ihr beim Trödler wart, wascht euch bitte gründlich die Hände«, aber sie freut sich über alles. In die Kanne hat sie Gräser gesteckt. Und aus dem Schirm, sagt sie, macht sie vielleicht eine Lampe.

Papa und Andreas gehen durch eine Toreinfahrt auf einen Hof, wo mehrere Schuppen stehen. An den Schuppenwänden lehnt altes Gerümpel: Stühle mit drei Beinen, Tische ohne Platte, eiserne Bettgestelle, Rodelschlitten mit verrosteten Kufen, Mistgabeln, Wagenräder und wer weiß was noch. In den Schuppen hängen alte Kleider und Bilderrahmen, da stehen verschimmelte Stiefel, zerschlagenes Geschirr, irdene Töpfe und Uhren, die nie mehr gehen. In einer Ecke liegen Pelze auf einem Haufen.

Papa und Andreas kramen überall herum. Endlich kauft Papa einen kleinen, fleckigen Spiegel an einem Metallgestell.

»Das ist ein Spion«, erklärt er Andreas, »das haben die alten Frauen früher am Fensterrahmen gehabt, da konnten sie im Zimmer sitzen und heimlich alles beobachten, was auf der Gasse vor sich ging.«

»Er ist wie ein Autospiegel«, sagt Andreas.

»Ja, genauso«, sagt Papa. »Wir können den Spion an die Tür zum Kinderzimmer schrauben. Dann kann Mama nach dem Baby sehen, ohne extra aufzustehen.«

Auf der Straße sagt Andreas: »Ich habe auch etwas.«
»Einen Brief!«, ruft Papa. »Woher hast du ihn?«
Andreas hat den Brief in einer alten Kommode entdeckt.
Er hat sogar den Trödler gefragt, ob er ihn haben darf, und
der hat es erlaubt. Aber Andreas kann den Brief nicht lesen.
Papa sagt, so hätte man früher geschrieben, ein wenig kön-
ne er die Schrift noch und gemeinsam mit Mama würde er
ihn entziffern können.

»Ich bin gespannt, was drinsteht!«, ruft Andreas.

Nach dem Mittagessen will Mama zwar, dass Andreas
zuerst an die Großeltern schreibt. Aber Andreas bittet und
drängelt so lange, bis sich Papa und Mama hinsetzen und
den alten Brief entziffern:

*Münster den 25. December 1842*

*Liebe guthe Emilie*

*der Herr Vater hat gesagt, wir sollten uns sogleich für das
hübsche Geschenk bedanken, das der Postbothe uns von
Dir gebracht hat. Die feinen Zimmetsterne haben guth
gemundet und über die Kittelchen, welche Du uns genähth
hast, haben wir uns gefreut, sie passen vorzüglich.*

*Du fragst, wie es uns geht. Es geht uns guth. Wir lernen
fleißig beim Herrn Moritz, der immer noch sein lahmes
Bein hat und am Stock humpelt; das ist unser Schade, denn
dieser gleitet oftmahls auf unserem Rücken aus. Der Herr
Vater meint jedoch, wir hätten es auch wohl verdient. Liebe
Emilie, wieviel schöner war es, als Du uns unterrichtet hast.*

*Wir wollten, Du kämst wieder und müßtest nicht die
vielen Kinder Deiner kranken Schwester hüten. Das*

*Fräulein Lucca, welches uns auf dem Claviere fortbildet,*
*sagt, wir machten guthe Fortschritte. Paulinchen und ich*
*können bereits eine Sonate zu vier Händen.*

*Liebe guthe Emilie, mein Wunschzettel enthielt dieses*
*Jahr ein Paar Holländer Schlittschuhe, eine Fibel und*
*Zuckerzeug. Dies alles erhielt ich zu meiner Freude.*

*Paulinchen schrieb auf, dass sie sich einen Pelzum-*
*hang aus Fehhaar an erster Stelle und von ganzem Herzen*
*wünsche, sodann aber auch noch glacélederne Hand-*
*schuhe, eine Puppe mit Wachskopf, ein Album für gepreßte*
*Blüthen, winziges Puppengeschirr aus Zinn und rosa Haar-*
*schleifen. Sie bekam jedoch nur den Pelzumhang, weil*
*dies der Herzenswunsch war. Der Herr Vater meinte, jedes*
*Kind bekäme für den gleichen Werth, und ihr Geschenk*
*koste soviel wie meine Schlittschuhe, Fibel und Zuckerzeug*
*zusammen. Liebe Emilie, du kennst Paulinchen und ihre*
*Unvernunfth! Sie weinte, weil sie nur ein Geschenk hätte*
*und ich deren drei. So sah sie es an. Sie war schon immer*
*dumm, die kleine Schwester, und es ist schwer, ihr etwas*
*recht zu machen. Ich werde sie hie und da auf meinen*
*Schlittschuhen laufen lassen, ihr aus der Fibel vorlesen und*
*vom Zuckerzeug abgeben.*

*Wir gedenken alle Deiner sehr herzlich und vermissen Dich.*
*Der Herr Vater und die Frau Mutter lassen grüßen.*
*Erinnere Du Dich bisweilen Deiner Schüler*

*Paulinchen und Eugenchen,*
*der diesen Brief geschrieben hat*

Mama sagt: »Das ist aber ein sehr alter Brief.«

»Sind Paulinchen und Eugenchen jetzt schon groß?«, fragt Andreas.

Papa meint: »Sie sind längst gestorben, so lange ist das alles her. Vielleicht ist nichts mehr von ihnen da als dieser Weihnachtsbrief.«

Andreas sagt: »Wenn ich jetzt an die Großeltern schreibe, findet vielleicht einmal ein Kind meinen Brief beim Trödler.« Und er gibt sich damit besonders große Mühe.

# Die Engelsgeschichte

Mariechen war sechzig Jahre lang ein Engel.

Als sie noch ein Kind war, lernte sie schwer in der Schule. Darum sollte sie auch keine Rolle in dem Krippenspiel bekommen, das jedes Jahr zu Weihnachten von den Kindern der letzten Schulkasse aufgeführt wurde. Es war ein altes Spiel mit langen, schwierigen Versen. Die Hauptrollen konnten sich nur sehr gescheite Schüler merken. Doch eine kleine Rolle bekam fast jeder, sei es als Hirte, Bauer, Soldat, Ochs oder Esel. Alle hatten einige Worte herzusagen. Nur Mariechen durfte nicht mitmachen, denn sie konnte beim besten Willen nichts behalten. Darüber war sie sehr unglücklich.

Endlich war es so weit, dass die Kostüme anprobiert wurden, die so alt wie das Krippenspiel waren. Sie wurden jedes Jahr, wenn es nötig war, geflickt und enger, weiter, länger oder kürzer gemacht. Die Hirten steckten in groben Kitteln, Maria hatte einen schönen Umhang und Joseph einen Schlapphut. Die Tiere trugen Köpfe aus Pappmaschee und hüllten sich in richtiges Fell. Aber das Eindrucksvollste waren die Flügel, die der Engel bekam. Sie waren aus Gänsefedern und reichten vom Boden, den sie mit den Spitzen streiften, bis hoch über den Kopf hinaus. Sie wurden mit ledernen Riemen kreuzweise über der Brust festgeschnallt und waren sehr schwer.

In diesem Jahr spielte ein Kind den Engel, das genauso aussah, wie man sich einen Engel vorstellt: schmal und lang und mit wunderschönen blonden Haaren. Als es einen ganzen Nachmittag mit den Flügeln geprobt hatte, brach es in Tränen aus und sagte, es könnte mit diesen Dingern auf dem Rücken nicht so lang herumstehen, die Flügel seien ihm viel zu schwer. Es blieb nichts anderes übrig, als die schweren Federflügel in die Ecke zu stellen und statt ihrer dem Engel leichte Flügel aus Goldpapier zu kleben.

Als alle Kinder wieder auf der Bühne standen, schnallte sich Mariechen, die für ihr Alter groß und kräftig war, die verschmähten Flügel um. Ihr waren sie nicht zu schwer. Sie ging auf die Bühne, stellte sich hinter den Goldpapierengel und lächelte glücklich, mit einem feuerroten Gesicht. Und niemand brachte es übers Herz, Mariechen zu vertreiben. So traten in dem Krippenspiel diesmal zwei Engel auf: einer, der die vielen Verse hersagte, und ein anderer, der stumm und stolz daneben stand.

Im Frühjahr gingen alle Kinder, die mitgespielt hatten, von der Schule ab. Nur Mariechen blieb sitzen.

Darum war sie noch einmal dabei, als das Krippenspiel aufgeführt wurde, und war wieder der stumme Engel.

Ganz selbstverständlich nahm sie danach die großen Flügel mit nach Hause und steckte sie hinter ihre Kleider in den Schrank.

Weil Rechnen, Lesen und alles, was man sonst noch lernen musste, Mariechen auch weiterhin schwer fiel, blieb sie ein zweites Mal sitzen. Manche munkelten, dass es Mariechen darauf angelegt hätte, um wieder den Engel zu spielen, aber das war sicher nicht so. Denn auch in den folgenden Jahren, als sie in der Lehre war, erschien Mariechen mit ihren Flügeln, wenn die Proben für das Krippenspiel begannen.

Jetzt wurde sie bereits überall das Engelmariechen genannt. Das gefiel ihr und sie mochte es, wenn die Leute zu ihr sagten: Du bist wirklich ein Engel! Sie sagten das oft zu ihr, weil Mariechen anpackte und half, wo sie konnte. Und Mariechen tat alles, damit sie es recht oft sagten. Sie schichtete Holz, sie passte auf die kleinen Kinder auf, brachte Pakete zur Post, grub Gemüsebeete um, hing Wäsche auf, rührte stundenlang Pflaumenmus, schaufelte Schnee, putzte Silber und war überall zur Stelle, wo sie gebraucht wurde.

Einmal wurde sie sogar gebeten, anstelle des Weihnachtsmannes zu bescheren. Vor dem Weihnachtsmann hatten die Kinder Angst, doch vor Mariechen nicht. Darauf war sie sehr stolz. Pünktlich stand sie mit ihren Flügeln zur ausgemachten Zeit vor der Tür. Sie ließ sich von den Kindern Gedichte aufsagen, sang mit ihnen und kippte dann den Sack aus, in den die Eltern vorher Geschenke gesteckt hatten.

Und mit der Zeit wollten immer mehr Leute das Engelchen zum Bescheren haben. Um niemanden zu vergessen

und um nichts durcheinander zu bringen, mussten sich alle bei ihr in ein kleines Buch eintragen. Diese Voranmeldungen nahm Mariechen vom ersten Advent an entgegen. Nur die Zeit für die Proben zum Krippenspiel wurde ausgespart, denn Mariechen legte großen Wert darauf, nicht eine einzige zu versäumen.

Sonst aber eilte sie vor Weihnachten in jeder freien Stunde durch die Straßen. Sie trug hohe Schnürstiefel und hatte die Flügel über ihren Wintermantel geschnallt. Wenn es schneite, schützte sie die Federn mit einem Regenumhang, der weit gebauscht hinter ihr herwehte. Stets hüpften und sprangen einige Kinder um sie herum. Es war nicht leicht, einen Termin bei Mariechen zu bekommen, denn sie war fast immer ausgebucht.

Und nach wie vor stand Mariechen beim Krippenspiel als stummer Engel auf der Bühne.

Sie war mit der Zeit recht rundlich geworden. Ihre Haare wurden erst grau und dann weiß. Nur Fremde, die zufällig das Spiel sahen, wunderten sich über den alten Engel zwischen all den Kindern.

Und nur Leute, die neu zuzogen, lachten, wenn sie das Engelmariechen zum ersten Mal zur Weihnachtszeit auf der Straße sahen. Im Jahr darauf lachten sie schon nicht mehr, denn da hatten sie bereits herausgefunden, dass Mariechen ein Engel war.

Sie hat nie geheiratet, das fand sie nicht angemessen. Von verheirateten Engeln hatte sie nie gehört.

Als sie nicht mehr gut zu Fuß war, kam sie ins Altersheim. Die Flügel schienen von Jahr zu Jahr schwerer zu werden. Doch nie wäre Mariechen eingefallen, sich welche aus Goldpapier über den Rücken zu hängen. Immer noch lief sie in der Weihnachtszeit mit den mächtigen Flügeln herum, bescherte die Kinder und war beim Krippenspiel dabei.

Mariechen war sechzig Jahre lang ein Engel.

Im letzten Frühjahr ist sie gestorben. Da hat man die Flügel unten in den Sarg gelegt und das Mariechen darauf. So ist sie begraben.

# Die Geschichte vom artigen Kind

Einmal wollte ein Junge, der hieß Lutz, seiner Mama etwas zu Weihnachten schenken. Er wollte ihr entweder etwas basteln oder malen oder etwas von seinem Taschengeld kaufen. Jedenfalls wollte er ihr eine Freude machen.

»Was wünschst du dir?«, fragte er und stand ihr im Weg. Sie rannte in der Wohnung umher, machte sauber, achtete gleichzeitig darauf, dass auf dem Herd nichts überkochte, musste schnell einmal telefonieren und sah auf die Uhr.

»Mama, wünsch dir was von mir«, sagte er. Sie schob ihn beiseite, suchte das Putzmittel, öffnete dem Briefträger, machte das Fenster zu und rührte in der Suppe.

Lutz stand immer da, wo Mama gerade hinwollte. Sie schob ihn von der Schranktür, nahm ihm den Stuhl weg, bat ihn, aus dem Weg zu gehen, und rief: »Bitte stör mich nicht.«

»Aber ich will doch nur wissen, was du dir wünschst«, sagte Lutz. Er hielt sie an der Schürze fest.

»Ich wünsche mir nichts anderes als ein artiges Kind«, sagte Mama und machte sich frei.

Lutz ging in sein Zimmer, setzte sich auf das Bett und überlegte, wie er Mama so etwas beschaffen konnte. Es zu basteln oder zu malen war sinnlos. Aber wo konnte man es kaufen? Und wie teuer würde es sein?

Mama rief: »Sitz nicht rum, steh auf, mach schnell, wir müssen einkaufen gehen!«

Lutz ging neben Mama zum Supermarkt.

Der war riesengroß und man konnte dort fast alles bekommen. Lutz wusste gut Bescheid. Er kannte den Gang, wo es Milch und Käse gab, und die Ecke mit den Obstkonserven. Ein Stück weiter gab es Brot und Kuchen und am anderen Ende die kleinen Spielzeugautos, die er sammelte. Lutz wusste, wo das Seifenpulver stand und wo immer Sonderangebote waren. Kinder hatte es im Supermarkt noch nie gegeben, jedenfalls nicht zu kaufen. Am Gemüsestand geriet Lutz mit dem Fuß in Mamas Wagen. Bei den Konserven warf er einige davon um. Bei der Wurst trödelte er, dass Mama ihn antreiben musste.

»Geh am besten schon nach draußen und warte dort auf mich, bis ich fertig bin und bezahlt habe«, sagte sie.

Lutz stellte sich auf die Straße vor dem Supermarkt.

Ein kleines Mädchen hing am Türgriff und schwang mit der Tür hin und her. Die Frau an der Kasse drohte und das Mädchen streckte die Zunge raus. Lutz dachte: »Das ist kein artiges Kind, über das sich Mama freuen würde.«

Daneben stand ein Kinderwagen. Eine Frau mit vielen Taschen kam vorbei, beugte sich darüber und sagte zu Lutz: »Sieh mal, wie niedlich. Das ist ein artiges Kind.«

Lutz wartete, bis die Frau nicht mehr zu sehen war. Dann schob er den Wagen rasch um die Ecke. Er rannte damit, so schnell er konnte, nach Hause. Das artige Kind jauchzte vor Vergnügen.

Die Wohnungstür war abgeschlossen, denn Mama war noch im Supermarkt. Lutz stellte den Kinderwagen hinter die Kellertür, wo man ihn nicht sehen konnte. Es sollte ja eine Weihnachtsüberraschung sein. Er setzte sich auf die Eingangsstufen und wartete. Plötzlich fiel ihm ein, dass dieses artige Kind irgendjemandem gehören musste. Ach was, dachte er, denen werde ich es abkaufen. Allzu teuer kann es nicht sein. Es ist nicht ganz neu, sondern schon gebraucht. Das wird billiger. Lutz kannte das von Papas Auto. Mama kam mit ihren Einkaufsbeuteln um die Ecke gerannt. »Da bist du ja, zum Glück heil und gesund!«, rief sie und weinte ein bisschen. Sie drückte Lutz so fest, dass es wehtat. »Diese arme Frau und das arme, unschuldige Würmchen! Was für eine Aufregung«, sagte sie weiter, »und du warst auch nicht da, sodass ich ebenfalls das Schlimmste befürchtet habe. Aber nun habe ich dich wieder …«

Lutz war ganz verstört. Aber auch das artige Kind war bei Mamas Reden aufgewacht und begann zu schreien.

»Was ist das?«, fragte Mama und wollte nachsehen.

Lutz hielt sie fest und sagte: »Bitte nicht, Mama, es ist dein Weihnachtsgeschenk.« Mama starrte Lutz an und da fuhr er fort: »Es ist das artige Kind, das du dir gewünscht hast.«

»O Lutz!«, sagte Mama.

Sie packte den Kinderwagen, drehte ihn und rannte damit zum Supermarkt zurück. Das artige Kind brüllte immer lauter. Lutz lief nebenher und dachte: »Das hier ist nicht das richtige Kind. Es wird schwer sein, eins aufzutreiben. Warum musste sich Mama ausgerechnet so etwas wünschen, warum nicht etwas anderes.«

Lutz wollte Mama danach fragen, aber sie hörte nicht. Vor dem Supermarkt standen ein Polizist und viele aufgeregte Leute. Alle drängten sich um eine Frau, die weinte. Mama schob sie beiseite und erzählte ihr etwas und niemand kümmerte sich um Lutz.

Am Nachmittag bastelte er für Mama einen Kalender, den wünschte sie sich.

# Eine Nikolausgeschichte

Weil alle Leute im Dezember viel öfter und viel mehr einkaufen als sonst, hilft Mama im Schuhgeschäft aus, wo sie früher gearbeitet hat, als Nina und Amelie noch nicht auf der Welt waren. Inzwischen bleiben die beiden bei den Großeltern.

»Hoffentlich wird euch das nicht zu anstrengend«, sagt Mama.

Oma drückt Nina links und Amelie rechts an sich und sagt: »Aber nein! Wir sind doch froh, dass wir sie mal ganz für uns haben.«

Darüber ist nun Mama wieder froh. Sie verspricht Opa und Oma zu Weihnachten ein Paar Schuhe, ganz nach Wahl. Die bekommt sie nämlich preiswert im Schuhgeschäft. Oma wünscht sich gleich warme Pantoffeln, ihre sind schon sehr abgetragen. Und für Opa möchte sie neue Stiefel, seine alten sind ganz schief und krumm.

»Aber sie sind bequem und neue Stiefel drücken«, brummt Opa.

Er stapft in den geschmähten Stiefeln hinaus in den Garten und Nina und Amelie rennen in gefütterten Gummistiefeln hinterher. Sie schaufeln erst Schnee, dann bauen sie zu dritt einen Schneemann. Der wird so groß, dass Nina aus der Küche einen Schemel holen muss, um den Kopf draufzusetzen. Amelie kommt ins Haus und will einen Eimer als Hut. Und Opa sucht im Keller nach einer Mohrrübe als Nase.

Jedes Mal wischt Oma hinter ihnen den Boden wieder sauber und schimpft: »Rein und raus! Was ihr für Schmutz ins Haus tragt! Schämt euch!« Doch als sie den Schneemann sieht, muss sie lachen. Sie hängt ihm sogar einen alten Schirm über den Arm.

Draußen am Zaun kommt der Nachbar vorbei, der mit seinem Hund spazieren geht. Er bleibt stehen, staunt und sagt: »Das ist ja ein toller Bursche!« Gleich darauf ruft er: »He, Bello, kusch!« Bello hört nicht. Er hat Ninas Gummistiefel abgeschleckt, nun spuckt er aus. Der Nachbar meint: »Bello frisst zwar alles, aber aus Gummi macht er sich gar nichts.« Inzwischen setzt Bello um den Schneemann einen gelben Rand, dann rast er weg.

»He, Bello, kusch!«, ruft der Nachbar wieder und rennt hinterher. Oma sagt missbilligend: »Dieser Hund ist vollkommen unerzogen, er macht, was er will.« Und ehe sie ins Haus geht, sagt sie noch: »Es wird dunkel. Wenn ihr reinkommt, zieht gefälligst vorher die Stiefel aus. Ich musste schon dreimal hinter euch herwischen.«

»Ist sie uns böse?«, fragt Nina, aber Opa winkt ab. Oma ist überhaupt nicht böse. Sie hat Kakao gekocht und Waffeln gebacken und eine Kerze auf den Tisch gestellt und es macht ihr gar nichts aus, dass sie später beim Quartett dauernd verliert. Erst als sie in die Diele kommt, schimpft sie wieder. Dort steht jeder Stiefel in einer Pfütze von geschmolzenem Schnee und ist bis obenhin voll Schmutz.

Oma ruft erbost: »Was? Diese dreckigen Dinger wollt ihr ihm anbieten? Da kehrt er auf der Stelle um!«

»Wer?«, fragen Nina und Amelie, dann fällt ihnen ein, dass morgen ja Nikolaustag ist. Sie hüpfen ausgelassen herum, bis sich Oma links Nina und rechts Amelie schnappt und sagt: »Eure Stiefel könnt ihr unten in der Waschküche putzen.«

»Welch ein Glück, dass der Nikolaus nicht zu den Großen kommt«, brummt Opa, aber Oma meint: »Das kann man nie wissen«, und schickt ihn mit seinen schiefen, krummen Stiefeln gleich hinterher. Dann wischt sie zum vierten Mal auf.

Nachdem Nina und Amelie ihre sauberen Gummistiefel ordentlich in die Diele gestellt haben, ist Oma zufrieden. Sie bringt die beiden ins Bett, deckt sie zu und knipst das Licht aus. Als sie die Haustür abgeschlossen und verriegelt hat, stolpert sie über Opas Stiefel, die ebenfalls in der Diele stehen.

Nina fährt hoch und fragt: »War das der Nikolaus?«

»Das war Oma«, sagt Amelie. Es ist jetzt ganz still im Haus.

Nach einer Weile flüstert Nina: »Ich will nicht einschlafen. Ich will hören, wenn er kommt.« Das will Amelie auch. Sie liegt wach und denkt nach und meint: »Unsere Stiefel und die Stiefel von Opa findet der Nikolaus. Aber Oma kriegt nichts.«

Nina und Amelie müssen sofort etwas unternehmen. Sie schleichen ins Schlafzimmer, wo Oma leise und Opa laut

schnarcht. Omas Pantoffeln stehen neben ihrem Bett und
Nina und Amelie bringen sie nach draußen in die Diele.
Dann liegen sie wieder da, bleiben wach und warten.

»Warum kommt er nicht endlich?«, flüstert Amelie. Nina
klettert aus dem Bett und tappt zur Tür.

»Wo willst du hin?«, fragt Amelie.

Nina sagt: »Er kann ja gar nicht kommen. Die Tür ist doch zu. Wir müssen ihm aufmachen.«

Das leuchtet Amelie ein. Sie kommt mit und in der Diele klettern beide vorsichtig über Stiefel und Pantoffeln hinweg, schieben den Riegel zurück und drehen den Schlüssel herum. Dann machen sie die Tür einen Spaltbreit auf. Gleich darauf liegen Nina und Amelie wieder im Bett. Sie wollen wach bleiben, aber sie schlafen ein.

Sie schlafen so tief und so fest, dass sie nicht hören, wie es gegen Morgen in der Diele heftig poltert. Aber Oma hört es. Sie fährt hoch und lauscht. Es klappert und es kratzt, und dann wieder hört es sich an, als würde etwas herumgeschleift. Gleich darauf poltert es wieder.

Oma rüttelt Opa wach und raunt: »Ich glaube, bei uns ist ein Einbrecher!«

Opa will sofort nachsehen, doch Oma hält ihn fest und meint: »Ruf lieber erst die Polizei an!« Das ist leicht gesagt. Das Telefon steht nämlich in der Diele und dort kann Opa nicht hin, solange ihn Oma am Kragen hat. Beide hören, wie draußen auf der Straße jemand pfeift und ruft. Aufgeregt flüstert Oma: »Es sind mehrere! Wenn sie nur den armen Kindern nichts antun!«

Da hält es Opa nicht länger.

Er reißt sich von Oma los, springt aus dem Bett, läuft hinaus und brüllt: »Halt! Wer da?«

Ein Hund bellt. Eine Tür klappt. Danach ist alles still. Oma wickelt sich in ihren Morgenrock. Sie angelt vergeblich nach ihren Pantoffeln. Dann kommt sie auf Strümpfen in die Diele und guckt sich um. Sie jammert: »Oje, oje, ojemine«, denn es sieht schlimm dort aus. Die Stiefel und

Gummistiefel und Pantoffeln liegen wild durcheinander. Ein Stiefel von Opa hat keine Kappe und keinen Absatz mehr. Der andere besteht aus drei kaputten Teilen, die am Schnürband hängen. Von einem Pantoffel fehlt die Sohle, der andere ist zerrissen und zerfetzt. Nur die Gummistiefel sind heil geblieben. Opa sagt: »Das war Bello. Ich habe noch gesehen, wie er rausgerannt ist.«

»Aber wie ist er reingekommen?«, ruft Oma. »Ich habe die Tür verriegelt und abgeschlossen.«

Jetzt steht die Tür weit auf. Der Wind hat einen Haufen Schnee über die Schwelle geweht.

»Vielleicht hat jemand für den Nikolaus aufgemacht«, meint Opa.

Darüber müssen Oma und Opa lachen. Sie ziehen Holzpantinen an und machen Ordnung. Opa bringt die Reste von den Stiefeln und Pantoffeln in die Mülltonne und Oma wischt zum fünften Mal auf. Dabei fällt ihr etwas ein. Sie sagt: »Ein Glück, dass es Weihnachten neue Stiefel und Pantoffeln gibt.«

Opa brummt: »Ein Glück, dass sich Bello nichts aus Gummi macht!«

Als sie in der Küche beim Frühstück sitzen, hören sie, wie Nina und Amelie draußen in der Diele jubeln, denn die Gummistiefel sind bis obenhin voll mit Süßigkeiten.

# Die Geschichte von der Koschale

Einmal«, erzählte Ella, die bei uns sauber macht, »einmal wären meine drei Brüder und ich um die Weihnachtszeit fast Waisenkinder geworden, ohne Vater und Mutter allein auf der Welt. Das ist lang her und es kam so:

Bei uns auf dem Dorf in Niedersachsen wurde früher Koschale gemacht, das war das Weihnachtsessen. Eine Woche vorher backte man dazu große Mengen Pfefferkuchen auf dem Blech. Die eine Hälfte wurde in Rechtecke geschnitten, bekam Zuckerguss und wurde für uns Kinder zurückgelegt. Die andere Hälfte brockte man in große Steintöpfe, wie man sie auch für Gurken oder Sauerkraut nahm. Darüber goss man Branntwein, bis der Topf voll war. Er wurde zugedeckt und irgendwo hingestellt, wo es kühl war. Weihnachten kam er auf den Tisch. Mit der Kelle wurde die Koschale in tiefe Teller gefüllt und mit Löffeln gegessen. Dazu gab es Brot und Knackwurst. Das war natürlich nur für die Großen, aber wir Kinder durften kosten. Alle bekamen beim Essen rote Gesichter und wurden laut und fröhlich.

Also – Mutter hatte wieder einmal den Steintopf gefüllt und zugedeckt. Unser Haus war klein und hatte keinen Keller. Mutter wusste nicht recht, wohin mit der Koschale, und stellte sie schließlich in der Schlafkammer auf das Spind, so haben wir damals den schmalen Kleiderschrank genannt.

In der Nacht wachte unser Vater auf, weil der Hund bellte. Vielleicht hatte der eine wildernde Katze gejagt oder eine Eule war ihm vor der Nase entlanggestrichen. Er wollte sich nicht beruhigen, und als er endlich still war, konnte Vater nicht wieder einschlafen. Er kam ins Grübeln, dachte daran, was vor dem Weihnachtsfest noch alles zu erledigen war, und freute sich auf die gute Koschale. Da fiel ihm ein, dass der Steintopf ganz in der Nähe war. Er meinte, es könne nicht schaden, einmal zu probieren, ob Mutter die richtige Mischung angesetzt hatte. Zu viel Pfefferkuchen war nämlich nicht gut, zu viel Branntwein dagegen schadete nichts. Um Mutter nicht zu wecken, stieg Vater vorsichtig aus dem Bett, rückte den Schemel an das Spind, packte seine Jacke und seine Hose vom Schemel auf das Fensterbrett und kletterte hoch. Er angelte nach dem Deckel, lüftete ihn und fuhr mit der anderen Hand in die Koschale, denn einen Löffel hatte er nicht. Er schlürfte aus der hohlen Hand und fand, dass Mutter ihre Sache gut gemacht hatte.

Er stieg wieder vom Schemel und legte sich behutsam hin. Wir schliefen damals auf Säcken, die mit Stroh gefüllt waren und bei der kleinsten Bewegung raschelten. Doch Vater war so leise, dass Mutter nur einmal aufschnaufte, aber fest weiterschlief. Es war ihm angenehm warm um den Magen herum geworden und er schlummerte ein.

Kurz darauf bellte der Hund wieder. Diesmal nur kurz, wie Hunde es tun, wenn sie träumen. Aber Vater schreckte hoch und lag wieder wach. Er grübelte und dachte: Es soll wohl so sein. Oder vielleicht dachte er auch nichts. Jedenfalls kletterte er erneut auf den Schemel und fasste in die Koschale. Mutter reckte sich, aber sie wachte nicht auf. Vater hatte nun zu seinem warmen Bauch auch noch ein heißes Gesicht bekommen. Er war zwar müde, meinte jedoch, es sei besser, gleich noch einmal an die Koschale zu gehen, denn wenn er erst einmal schlief, kam er nicht mehr dazu. Auch war es gut, mehrmals zu schlürfen, damit er danach seine Ruhe hatte.

Als er sich wieder hingelegt hatte, war ihm so, als wenn das Bett schaukelte, und manchmal, als wenn es flöge und über Kopf landete. Aus Erfahrung kannte Vater dagegen ein gutes Mittel. Er stellte einen Fuß fest auf den Boden: sofort stand das Bett still. Aber nun wurde Vaters Fuß langsam kalt. Draußen war Frost und der zog mächtig durch die Fensterritzen. Mutter legte abends immer einen Feldstein in die Ofenröhre. Wenn der heiß war, wickelte sie ihn in ihre Schürze und legte ihn ins Bett an das Fußende. Vater lachte sie sonst aus, denn er hatte niemals kalte Füße. Jetzt wäre er gern mit unter Mutters Decke geschlüpft. Doch er traute sich nicht, denn gewöhnlich hatte Mutter einen leichten Schlaf und wachte sofort auf. Er sagte sich: Die Koschale hat mir den Magen und das Gesicht erwärmt, nun soll sie auch etwas für meinen kalten Fuß tun.

Es fiel ihm nicht mehr so leicht wie vorher, auf den Schemel zu klettern, denn der wackelte genauso wie das Bett. Vater stützte sich mit dem anderen Fuß auf dem Fensterbrett ab, bis sich der Schemel beruhigt hatte. Er musste mit beiden Händen suchen, ehe er den Koschaletopf fand. Als er ihn endlich erwischt hatte, polterte der Deckel nach unten, das machte ziemlichen Lärm. Mutter schreckte hoch und rief: ›Was ist denn?‹

Vater fuhr zusammen, rutschte mit dem einen Fuß vom Fensterbrett, mit dem anderen vom Schemel und stürzte auf die Bettkante. Dabei stieß er sich den Rücken und bekam viele blaue Flecken.

Er riss den Koschaletopf mit sich und der landete haargenau neben Mutters Kopf auf dem Strohsack.

Ja, so war das«, sagte Ella. »Es ging noch alles gut aus. schließlich konnte sich Vater den Hals brechen und um ein Haar hätte der Steintopf unsere Mutter erschlagen. Dann wären wir Waisenkinder gewesen. So war es nur ein Unglück, dass Vater zu Weihnachten keine Koschale bekam, denn die war in den Strohsack gelaufen. Mutter hat alles draußen auf den Mist gebracht und sich einen neuen Sack in der Scheune gestopft. Unsere Hühner und Gänse torkelten tagelang auf dem Hof umher.

Mutter sprach bis Neujahr kein Wort mit Vater. Der humpelte durch das Dorf und erzählte allen, er hätte schweres Rheuma.

Im Jahre darauf stellte Mutter den Steintopf mit der Koschale bis Weihnachten zur Nachbarin in den Keller.«

# Weihnachten im Schnee

Wenn es schneit, bekommt Mama Sehnsucht. Dann möchte sie mit Papa und Steffi durch die weiße Winterlandschaft stapfen und tief die klare, gesunde Luft einatmen.

Leider wohnen sie in der Stadt. Wenn es dort schneit, wird der Schnee gleich grauer Matsch, den die Autos hochschleudern, der schmutzig von den Dächern tropft und sich auf den Straßen zu Pfützen ansammelt, in denen man sich nasse Füße holt und anschließend Schnupfen bekommt.

»Freu dich mal«, sagt Papa. Er hat eine Überraschung für Mama. Im Reisebüro hat er eine Ferienwohnung gebucht, die mitten in den Bergen liegt.

»Hurra, dann feiern wir Weihnachten im Schnee!«, ruft Mama und freut sich mächtig.

Steffi weiß nicht recht, ob sie sich ebenfalls freuen soll.

Erstens war sie nie in den Bergen und zweitens kommen ihre Freunde Micha und Iris nicht mit.

»Bestimmt findest du dort neue Freunde«, meint Mama und macht sich gleich ans Kofferpacken. Wintersachen brauchen viel Platz. Steffi darf weder ihre Puppen noch ihre Stofftiere mitnehmen, nur das Puzzlespiel. Sie freut sich lieber erst mal nicht. Mama freut sich umso mehr und Papa freut sich, weil sich Mama so freut.

Es ist eine weite Reise. Sie fahren den ganzen Tag mit der Bahn und das letzte Stück mit dem Bus. Als sie endlich da sind, ist Steffi eingeschlafen. Papa trägt sie den Berg hoch und Mama schleppt den Koffer hinterher.

Am anderen Morgen wacht Steffi auf, weil draußen ein Hund bellt. Sie liegt unter einem dicken Federbett in einem kleinen Zimmer, das eine niedrige Holzdecke und vier kleine Fenster hat. Aus dem einen Fenster guckt Steffi hinaus. Alles ist tief verschneit – die Berge, der Wald und unten das Dorf. Der Himmel ist strahlend blau. Vor dem Haus scharren ein paar Hühner. Aus dem Stall kommt eine Frau mit einer Milchkanne. Knapp vor ihr saust ein Schlitten mit einem kleinen Mädchen vorbei. Es ist ungefähr so alt wie Steffi. Seine langen Zöpfe wehen hinter ihm her. Ein struppiger Hund springt übermütig um den Schlitten herum.

Vielleicht, denkt Steffi, vielleicht freu ich mich doch ein bisschen. Im Nebenzimmer schlafen Papa und Mama noch ganz fest. Steffi zieht sich leise an. Die Stiefel findet sie nicht. Da geht sie einfach in Socken die Treppe hinunter. Unten steht die Tür zur Küche offen, drinnen hantiert die Frau. Sie sieht sich um und sagt: »Guten Morgen! Hast du gut geschlafen?«

Steffi nickt und fragt: »Wer ist das Mädchen?«

»Das ist Maria«, sagt die Frau. »Ihr müsst euch bald anfreunden.« Dann bekommt Steffi warme Milch und ein Butterbrot.

Inzwischen sind Papa und Mama endlich wach. Nach dem Frühstück stapfen sie gleich durch den Schnee und alles ist genauso, wie es sich Mama immer vorgestellt hat. Sie sagt dauernd zu Papa und Steffi: »Atmet bitte die gesunde, klare Luft ein!« Das tun Papa und Steffi und Papa atmet so tief, dass er sich verschluckt und husten muss. Auf dem Weg hinunter ins Dorf kommt ihnen Maria entgegen. Auf ihrem Schlitten steht ein voller Einkaufskorb.

»Hallo, du!«, sagt Steffi.

»Bäh!«, macht Maria und streckt Steffi die Zunge raus. Dann rennt sie schnell weiter.

Im Dorf kauft sich Mama eine schicke Sonnenbrille und eine Flasche Hautöl. Papa stöbert am Kiosk, dort sind leider alle Zeitungen von vorgestern. Im Gasthaus darf Steffi aussuchen, was sie gern essen möchte. Auf dem Heimweg atmen alle drei wieder die gesunde, klare Luft ein, und als sie endlich oben beim Haus ankommen, haben sie schwere, müde Füße. Steffi steigt hinter Papa und Mama die Treppe hoch. Plötzlich fliegt ihr etwas von hinten an den Kopf und gleich darauf noch etwas. Steffi dreht sich um. Maria steht in der Küchentür, sie hat mit ihren Filzpantoffeln nach Steffi geworfen. Jetzt macht sie wieder: »Bäh!«, streckt die Zunge raus und knallt die Tür hinter sich zu.

Die wird nie meine Freundin, denkt Steffi und freut sich überhaupt nicht mehr.

Am Morgen darauf wacht Steffi auf, weil ein Schneeball gegen das Fenster prallt. Sie springt aus dem Bett und reißt das Fenster auf. Auf dem Fensterbrett liegt Schnee genug. Bevor Maria den zweiten Schneeball werfen kann, kriegt sie von Steffi einen Ball ans Ohr. Aber dann wirft sie. Steffi

duckt sich, und der Schneeball landet genau auf Papas nacktem Fuß.

»Lasst den Unsinn«, sagt Papa. Er macht das Fenster zu und schickt Steffi nach unten. Die Frau hat ihnen zum Frühstück frische Milch versprochen.

»Gleich«, sagt die Frau. »Maria bringt die Milch hoch.« Dann geht sie mit der Kanne in den Stall.

Ein bisschen später poltert Maria gegen die Tür. Sie stellt den Milchtopf wortlos auf den Tisch, obwohl Mama freundlich »Guten Morgen« zu ihr sagt. Als sie hinausgeht, tritt sie Steffi blitzschnell gegen das Schienbein. Das tut scheußlich weh.

Steffi erwischt Maria auf der Treppe. Sie hauen und kratzen sich, bis Papa Steffi packt und die Frau Maria an den Zöpfen in die Küche zerrt.

Der Himmel ist ganz dunkel geworden. Die Berge und der Wald sind verschwunden. Die Häuser unten im Dorf sind nur noch als Schatten zu erkennen. Dann schneit es so dicht, dass draußen überhaupt nichts mehr zu sehen ist.

Papa und Mama legen sich nach dem Frühstück wieder ins Bett. Sie wollen mal richtig faulenzen und schlafen dabei ein. Vorher hat Mama noch das Puzzlespiel aus dem Koffer geholt. Steffi puzzelt lustlos eine Weile und fühlt sich ganz mies. Sie hat Heimweh.

Schließlich geht sie in die Küche hinunter. Maria ist nicht zu sehen. Die Frau ist zum Glück allein. Steffi guckt zu, wie sie Knödel rollt und in einen Topf mit kochendem Wasser wirft.

»Langweilst du dich?«, fragt die Frau. Steffi nickt.

Da ruft die Frau laut: »Maria! Komm her!«

Gleich darauf springt der struppige Hund von draußen herein und schüttelt sich den Schnee aus dem Fell. Dann kommt Maria. Sie tritt die Stiefel an der Türschwelle ab, guckt Steffi an und fragt: »Was ist?«

Die Frau sagt: »Spielt miteinander. Ihr sollt doch Freunde werden.«

»Nein«, sagt Maria und ihr Mund zuckt dabei. Sie dreht sich um und läuft wieder nach draußen. Hinter ihr schlägt die Tür zu.

Der struppige Hund bleibt da. Er hockt neben Steffi und schlägt mit dem Schwanz auf den Boden. Steffi streichelt ihn vorsichtig. Da leckt er ihre Hand. Die Frau rührt die Knödel um und meint: »Nimm es Maria nicht übel. Sie hat Kummer.«

Langsam geht Steffi nach oben und guckt aus dem Fenster ins Schneetreiben. Ich hab auch Kummer, genau wie Maria, denkt sie, und ich kann es niemandem sagen; vor allem nicht Papa und Mama, die finden hier alles wunderschön und kriegen gar nicht mit, dass irgendwas nicht stimmt.

Unten im Hof tobt der struppige Hund durch den Schnee. Er bellt zu Steffi hinauf, dann verschwindet er im Stall. Steffi läuft die Treppe runter. Im Stall war sie noch nie. Es ist ganz warm und riecht eigenartig. Die Kühe stehen in einer Reihe und mampfen Heu. Eine Kuh streckt den Kopf vor, als Steffi vorbeikommt.

Hinten auf einer Futterkiste hockt Maria. Der struppige Hund liegt neben ihr. Als Steffi näher kommt, steht er auf und läuft ihr entgegen. Dabei wedelt er mit dem Schwanz und Steffi streichelt ihn.

»Hau ab«, sagt Maria, und Steffi kann sehen, dass sie geweint hat. Sie sagt leise: »Du hast Kummer, ich auch. Mir gefällt es hier überhaupt nicht. Ich hab Heimweh und kann es niemandem sagen. Ich möchte nach Hause.«

Maria fährt herum und ruft: »Dann fahrt doch! Fahrt endlich! Warum seid ihr hergekommen? Wegen euch musste mein Opa ausziehen und runter ins Dorf. Du wohnst in dem Zimmer, wo wir sonst schlafen. Und ich musste wegen dir in die kalte Kammer hinterm Stall, wo nachts die Mäuse kommen. Weihnachten feiern wir in der Küche, weil ihr oben unsere Wohnung habt. So ist das nämlich. Das ist mein Kummer und darum kann ich dich nicht leiden.«

Steffi ist erschrocken. Eine Weile sagt sie gar nichts. Dann sagt sie: »Ich kann nichts dafür. Wir sind Mama zuliebe hier. Sie wollte so gern in den Schnee. Bei uns in der Stadt ist es so hässlich und so schmutzig. Und hier bei euch ist es so schön.«

Darauf sagt Maria nur: »Hm.« Sie überlegt. Schließlich guckt sie Steffi an und meint ruhig: »Wir brauchen das Geld für einen neuen Weidezaun und für die Wasserpumpe. Und ich bin ziemlich dumm.«

»Gar nicht«, sagt Steffi, dann schweigen sie miteinander. Nach einer Weile meint Steffi: »Wir beide können eigentlich nichts dafür.«

»Eigentlich nicht«, sagt Maria und lacht zum ersten Mal Steffi an.

Am Nachmittag hört es auf zu schneien. Ehe es dunkel wird, wollen Papa und Mama mit Steffi durch den Schnee stapfen, aber sie müssen allein gehen.

Steffi sitzt mit Maria in der Küche. Das Puzzlespiel haben sie schon fertig. Nun hat die Frau einen süßen braunen Teig geknetet und sie stechen Sterne aus. Dabei beraten sie, wie sie alle miteinander Weihnachten feiern werden.

# Kaiserweihnachten

Ach Kinder, ihr löchert ja eure alte Oma!

Was soll ich euch noch alles erzählen? Mir fällt schon nichts Neues mehr ein. Etwa von damals, als eure Mama ein kleines Mädchen war? Oder als ich so alt war wie ihr? Das kennt ihr doch schon alles und nun wollt ihr sogar noch wissen, was ich von meiner Mutter weiß. Meine Güte, das ist eure Urgroßmutter! Wie lange ist es her, als sie jung war! Halt! Ich erinnere mich, dass sie uns manchmal von Kaiserweihnachten erzählt hat. Hoffentlich bekomme ich die alte Geschichte zusammen.

Also, eure Urgroßmutter hieß Lenchen und war zu ihrer Zeit recht fortschrittlich, denn sie hatte einen Beruf. Sonst lernte ein Mädchen damals allenfalls kochen und schneidern, dann sah es zu, dass es schnell einen Mann bekam. Lenchens jüngere Schwester war längst verheiratet, doch sie selbst war wählerisch. Ihre Mutter meinte: »Du wirst eine alte Jungfer, es ist ein Trost, dass du wenigstens einen Beruf hast.« Da war Lenchen gerade zwanzig.

Ja, und nun wollt ihr wissen, welchen Beruf Lenchen damals hatte. Sie war ein Fräulein vom Amt, vom Telefonamt. In der einen Woche hatte sie zehn Stunden Tagdienst, in der anderen Woche zehn Stunden Nachtdienst. Während des Dienstes saß sie an einem sogenannten Klappenschrank und musste stöpseln. Stellt euch vor, die Telefone hatten in dieser Zeit noch keine Nummernscheibe, auf der man selbst wählen konnte. Jedes Gespräch musste vorher vermittelt werden und das ging so vor sich: Im Telefonamt standen in langen Reihen nebeneinander die Klappenschränke und an jedem saß ein junges Fräulein vom Amt. So eines wie Lenchen damals war. Der Klappenschrank bestand aus einer Unzahl von Löchern und Stöpseln an Drähten. Stellt euch das einmal vor – zu jedem Stöpsel gehörte ein Telefonanschluss! Wenn jemand ein Gespräch wünschte, drehte er an einer Kurbel an seinem Apparat. Dann ertönte im Amt an einem Klappenschrank ein Klingelzeichen. Nehmt mal an, es hatte bei unserm Lenchen geklingelt. Sie fragte in die Sprechmuschel hinein: »Wen möchten Sie sprechen?« Die Sprechmuschel war unten am Kopfhörer dran, den Lenchen trug, um vom Stimmengewirr im Saal nicht gestört zu werden. Der Anrufer sagte ihr seine Nummer und gab ihr die Nummer desjenigen an, den er sprechen wollte. Dann zog Lenchen den Stöpsel mit seiner Nummer heraus und stöpselte ihn in das Loch mit der gewünschten Nummer. Sie sagte: »Bitte sprechen Sie!«, und damit war die Verbindung hergestellt. Während sie inzwischen unermüdlich andere Teilnehmer miteinander verstöpselte, fragte sie von Zeit zu Zeit nach: »Hallo, sprechen Sie noch?« Denn sobald das Gespräch zu Ende war, musste sie den Stöpsel wieder aus dem Loch herausziehen, danach war die Leitung wieder frei für ein neues Gespräch.

Schwieriger wurde es allerdings, wenn jemand eine Verbindung in eine andere Stadt oder sogar in ein anderes Land wollte. Doch, auch das war schon möglich! Überall mussten Leitungen frei gehalten werden und die Verbindung wurde von Amt zu Amt wie eine Brücke gestöpselt, das dauerte manchmal stundenlang. Wenn endlich gesprochen werden konnte, rauschte, dröhnte und pfiff es so in den Drähten, dass man kaum ein Wort verstand. Kurz und gut, es war eine anstrengende Arbeit, die Lenchen zehn Stunden hintereinander tun musste. Nie durfte sie sich ablenken lassen, stets musste sie ganz bei der Sache sein. Im Saal wanderte unentwegt die Aufsicht herum und passte auf, dass alles klappte. Meist war es eine ältere Beamtin, die sehr streng guckte und zu der Lenchens Mutter bestimmt »alte Jungfer« gesagt hätte. Manchmal war es auch der Herr Kling, der Lenchen nervös machte, weil er besonders lange hinter ihrem Platz stehen blieb und sich dabei ständig räusperte.

Habt ihr verstanden, wie es damals im Telefonamt zuging?

Sonst kapiert ihr nämlich die Geschichte von Kaiserweihnachten nicht. Ihr wisst ja sicher, dass es zu jener Zeit einen Kaiser gab, der das Land mehr oder weniger gut regierte. Alle Kinder lernten in der Schule, dass er klug und gut und so hoch gestellt war, dass man den Kopf in den Nacken legen musste, um zu ihm aufzuschauen. Heute kann man sich gar nicht mehr vorstellen, wie weit weg von den einfachen Leuten so ein Kaiser schwebte.

An jenem Heiligen Abend hatte Lenchen Nachtdienst.

Das war ihr gar nicht recht, sie hätte lieber daheim mit den Eltern und Geschwistern gefeiert. Nun saß sie am Klappenschrank. Vor ihr brannte eine Kerze, über ihr flackerte das Gaslicht und hinter ihr ging Herr Kling auf und ab, beaufsichtigte alles und räusperte sich. Überall wurde emsig gestöpselt. Damals wie heute telefonierten alle Leute miteinander, um sich ein frohes Fest zu wünschen.

Plötzlich sprang eines der Telefonfräulein auf, eilte zu Herrn Kling und teilte ihm aufgeregt mit, dass die Hauptstadt in der Leitung war, weil das Kaiserschloss eine Verbindung wünschte.

Der Aufsichtsbeamte übernahm die weitere Vermittlung

selbst. Dabei dienerte er und rief immer wieder in die Sprechmuschel: »Jawohl! Sofort! Tue mein Möglichstes!« Nach und nach hatten alle mitbekommen, was vor sich ging. Die Kopfhörer, in denen empörte Stimmen wisperten und schnarrten, lagen achtlos herum und alle lauschten, um sich nichts entgehen zu lassen.

Jetzt rief Herr Kling: »Sofort sämtliche Leitungen frei machen!«

Alle Stöpsel wurden herausgezogen und damit waren alle anderen Gespräche einfach unterbrochen. Nur noch ein gleichmäßiges Rauschen und Knacken war zu vernehmen. Herr Kling stand auf, klatschte in die Hände und rief: »Meine Damen! Ausnahmsweise – und nur, weil Weihnachten ist – dürfen Sie zuhören, wenn jetzt der Kaiser sprechen wird. Doch ich erbitte mir darüber strenges Stillschweigen!«

Das war ja nun wirklich nett von Herrn Kling, meint ihr nicht auch? Alle hatten die Kopfhörer wieder auf und lauschten gespannt. Herr Kling als Aufsichtsbeamter besaß keinen eigenen Kopfhörer, doch er wollte ja auch den Kaiser hören.

Er räusperte sich, sagte: »Gestatten Sie bitte!« und beugte sich über Lenchen. Die eine Hälfte ihres Kopfhörers hielt er sich ans Ohr, mit der anderen hörte Lenchen zu.

Eure Urgroßmutter hat uns oft geschildert, was nun kam. Erst waren durch das Rauschen hindurch nur ein paar Morsezeichen zu vernehmen. Das Rauschen wurde stärker und es folgten undeutlich einige Worte in englischer Sprache. Einen Augenblick war es still, dann ertönte eine helle Stimme, die abgehackt und forsch einer lieben, verehrten Kusine ein frohes Weihnachtsfest wünschte, danach knackte es ganz erbärmlich in der Leitung und Lenchen war froh, dass sie es nur mit einem Ohr anhören musste. Dazwischen rief die helle Stimme: »Hallo! Hallo! Total unfähig, verdammt noch mal!« Weit weg kam wieder die englische Stimme, darauf erkundigte sich die helle Stimme nach allen möglichen Verwandten und sagte schließlich: »Unberufen! Die Kaiserliche Gemahlin ist wohlauf!«

Lenchen sagte, dass ihr erst jetzt aufging, dass sie bereits die ganze Zeit über dem Kaiser gelauscht hatte und ihre Knie begannen zu zittern. Herr Kling neben ihr musste sich unentwegt räuspern.

Es knackte und rauschte wieder in der Leitung und von fern kamen die Morsezeichen. Plötzlich war der Kaiser wieder da. Er rief in die Leitung: »Meinen Dank allen, die geholfen haben, dieses Gespräch zu vermitteln! Und gleichzeitig mein Gruß denen, die mir von sämtlichen Ämtern aus zuhörten! Gesegnetes Fest, meine Damen!«

Zu ihren zittrigen Knien bekam Lenchen auch noch einen roten Kopf. Es war ihr, als hätte der Kaiser gesehen, wie sie da alle im Saal mit ihren Kopfhörern saßen und sich keins seiner Worte entgehen ließen. Herr Kling lief wieder auf und ab.

Und Lenchen stöpselte eifrig, bis ihr Dienst vorbei war. Viele Leute hatten ja auf eine Verbindung warten müssen, weil der Kaiser sprach. Wenn Lenchen sich später an diese Kaiserweihnachten erinnerte, sagte sie zuletzt immer: »Wisst ihr, Kinder, eigentlich war der Kaiser auch nur ein Mensch.« Und damit war ihre Geschichte zu Ende.

Aber eine andere Geschichte fing gleichzeitig an.

Herr Kling räusperte sich nämlich wieder und fragte Lenchen, ob sie seine Frau werden wollte. Lenchen war zwar wählerisch, doch schließlich war Herr Kling als Aufsichtsbeamter nicht irgendwer.

Darum sagte sie ja.

# Der richtige Weihnachtsmann

Als Daniel in diesem Jahr in die Schule kam, glaubte er, dass der Storch die Kinder, der Osterhase die Eier und der Weihnachtsmann die Geschenke bringt. Dann wurde Britta seine Freundin und Britta sagte, dass sich die Erwachsenen das alles nur ausdenken.

Nicht der Storch bringt die Kinder, sondern die wachsen im Bauch der Mutter. Kein normaler Hase kann Eier legen. Und Geschenke kriegt man von den Eltern und Großeltern und sonst irgendwem. Also ist das mit dem Storch und dem Osterhasen und dem Weihnachtsmann ziemlicher Quatsch.

Daniel leuchtete ein, was Britta sagte.

Aber als er im Dezember aus der Schule kam, sah er den Weihnachtsmann. In schwarzen Stiefeln, einem roten Wollmantel und mit einem langen weißen Bart stand er vor dem Kaufhaus und verteilte Bonbons.

Daniel rannte heim und rief Britta an. Und Britta lachte ihn aus.

Am nächsten Tag machte sie einen Umweg und ließ sich von Daniel den Weihnachtsmann zeigen. Er stand am selben Fleck wie am Tag zuvor.

Britta zerrte Daniel eine Ecke weiter.

Vor einem Fotogeschäft stand noch ein Weihnachtsmann und vor dem Supermarkt stand ein dritter.

»Alle falsch!«, sagte Britta.

»Aber vielleicht ist einer richtig«, meinte Daniel.

Britta fragte: »Wieso stehen dann drei hier herum?«, und darüber dachte Daniel lange nach. Zu Hause fragte er Mama und Papa und Opa und beide Omas und alle sagten: »Selbstverständlich gibt es den Weihnachtsmann!« Daniel wusste nicht, wem er glauben sollte.

Nach der Schule strich er um die drei Weihnachtsmänner herum und belauerte sie. Vielleicht, dachte er, ist wenigstens einer von ihnen echt.

Eines Tages stellte er fest, dass der Weihnachtsmann vor dem Supermarkt falsch war. Dieser Weihnachtsmann stand vor dem Kiosk und wartete auf eine Bratwurst. Daran war nichts Ungewöhnliches, warum sollte er keinen Hunger haben? Doch ehe er in die Bratwurst biss, zog er den langen weißen Vollbart an einem Gummiband hinunter auf die Brust. Daniel dachte: Wenn der Bart falsch ist, ist auch der Weihnachtsmann nicht echt.

Er hätte es gern Britta erzählt, aber Britta war nicht mehr seine Freundin. Sie hatte der Klasse verraten, dass Daniel an den Weihnachtsmann glaubte, und alle Kinder hatten ihn ausgelacht.

Bald darauf erkannte Daniel, dass auch mit dem Weihnachtsmann vom Kaufhaus etwas nicht stimmte.

Er sah, wie dieser Weihnachtsmann über den Parkplatz zum Klohäuschen ging. Daran war nichts Ungewöhnliches, warum sollte er nicht mal müssen? Doch er ging durch die Tür, an der »D« stand. Daniel dachte: Ein Weihnachtsmann, der dort verschwindet, ist falsch. Nun blieb nur noch der Weihnachtsmann vor dem Fotogeschäft übrig.

Wenn auch der nicht echt ist, glaub ich an keinen Weihnachtsmann der Welt mehr, beschloss Daniel. Da konnten Mama, Papa, Opa und beide Omas sagen, was sie wollten, das war dann ihre Sache.

Es traf sich gut, dass Mama eines Nachmittags einkaufen ging und Daniel mitdurfte. Es traf sich noch besser, dass sie genau gegenüber vom Fotogeschäft sagte: »Jetzt hab ich eine wichtige Verabredung. Bleib hier stehen und rühr dich nicht vom Fleck!« Dann verschwand sie ein Stück weiter im Spielwarenladen.

Von dieser Stelle aus konnte Daniel den Weihnachtsmann genau beobachten. Er kam sich vor wie ein Kriminalkommissar, dem keine Bewegung entging.

Er sah, wie sich der Weihnachtsmann schnäuzte.

Er sah, wie der Weihnachtsmann ein kleines Kind hochhielt und sich fotografieren ließ.

Er sah, wie der Weihnachtsmann hin und her trampelte, sicher hatte er kalte Füße.

Und dann sah er, wie der Weihnachtsmann aus dem Fotogeschäft einen Einkaufsbeutel holte und fortging.

Daniel vergaß, was Mama ihm eingeschärft hatte. Er rannte hinter dem Weihnachtsmann her. Er hatte Glück. Der Weihnachtsmann stieg weder in die Straßenbahn noch in den Bus. Er ging ein paar Straßen entlang und merkte nicht, dass Daniel ihm folgte.

Dann bog er in eine Einfahrt, überquerte einen dunklen Hof und verschwand ganz hinten in einem Haustor. Gleich darauf ging hinter einem Fenster das Licht an.

Daniel kletterte auf eine Mülltonne, die unter dem Fenster stand. Er sah in eine Küche. An der Tür hing der rote Mantel. Der Weihnachtsmann saß in einer Strickjacke auf einem Stuhl und zog sich die Stiefel aus. Dann holte er aus dem Einkaufsbeutel ein Stück Käse, Brot und eine Flasche Bier. Er saß am Tisch und sein langer weißer Vollbart lag auf der Tischplatte.

Gleich wird er ihn am Gummiband nach unten ziehen, dachte Daniel.

Aber der Weihnachtsmann teilte den Bart und legte ihn

nach links und nach rechts über die Schultern, ehe er aß und trank.

Dieser Bart war echt!

Daniel sprang von der Mülltonne und rannte zurück, so schnell er konnte. Als Mama mit einer Menge Pakete auftauchte, stand er längst wieder am selben Fleck. Atemlos rief sie: »Armer Daniel! Du hast so lange warten müssen! Aber stell dir vor, ich hatte eine Verabredung mit dem Weihnachtsmann!«

Während Daniel hinter ihr her nach Hause ging, dachte er nach. Er dachte: Wenn der Weihnachtsmann vom Fotogeschäft echt ist, hat Mama mit einem falschen Weihnachtsmann eine Verabredung gehabt. Aber wenn ihr Weihnachtsmann echt war, dann ist der Weihnachtsmann vom Fotogeschäft genauso falsch wie der vom Supermarkt und der vom Kaufhaus.

Als er abends im Bett lag, dachte er immer noch nach. Jetzt dachte er: Wahrscheinlich hat Britta recht und die Erwachsenen denken sich alles aus. Er beschloss, sich gleich morgen wieder mit Britta zu vertragen, denn mit ihr konnte er am allerbesten darüber reden.

# Plumpudding

Tante Tilla ist Mamas beste Freundin. Am dritten Advent-
sonntag lädt sie Mama und Papa, Ole und die Zwillinge
zum Essen ein.

Papa hat immer Angst, wenn er bei Tante Tilla essen muss.

Da Tante Tilla keine Familie hat, muss sie nicht wie Mama
jeden Tag kochen. Sie isst in der Kantine – dort, wo sie ar-
beitet. Papa meint, weil sie so selten kocht, kann sie es nicht
sehr gut.

Dabei gibt sich Tante Tilla immer so große Mühe. Immer
macht sie etwas Besonderes und das ist meist etwas Auslän-
disches. Wenn sie im Urlaub in einem fremden Land war,
kocht sie sofort so, wie sie es dort kennengelernt hat.

Sie war schon in Griechenland. Und in Ägypten.

Und in Mexiko. Und in Tunesien. Und in Russland.

Und sogar in China. Als sie von dort zurückkam, mussten
Papa, Mama, Ole und die Zwillinge mit Stäbchen essen.

Es dauerte schrecklich lange und alle kleckerten überall hin. Doch nicht einmal die Zwillinge durften einen Löffel nehmen. Am anderen Tag war die Waschmaschine bis obenhin voll und sogar Papas Anzug musste in die Reinigung.

»Was hat sie diesmal mit uns vor? War sie wieder verreist?«, fragt Papa, als sie sich auf den Weg machen.

Mama hat keine Ahnung, obwohl sie fast jeden Tag mit Tante Tilla telefoniert. Tante Tilla hat nur angedeutet, dass es eine große Überraschung geben wird.

»Ich bin auf alles gefasst« sagt Papa und klingelt.

Aber als Tante Tilla aufmacht, ist er nicht darauf gefasst, dass sie ihn bei den Ohren packt und abküsst. Gleich darauf hat sie Ole am Wickel und küsst ihn. Dann drückt sie die Zwillinge und beide kriegen einen Kuss. Zuletzt ist auch noch Mama an der Reihe.

»Was soll denn das?«, fragt Papa.

Tante Tilla sagt: »Heute feiern wir englisch«, und zeigt nach oben. Im Türrahmen hängt ein struppiger Zweig mit kleinen harten Blättern und weißen glasigen Beeren.

»Ein Mistelzweig«, erklärt Tante Tilla. »Wer darunter steht, darf abgeküsst werden. Das ist englischer Weihnachtsbrauch.«

»Englisch ist lustig!«, ruft Ole und küsst die Zwillinge so lange, bis sie plärren und Mama ihn unter dem Mistelzweig wegzieht.

Papa hat inzwischen im Zimmer den hübsch gedeckten Tisch gesehen und fragt misstrauisch: »Hast du englisch gekocht?«

»Nur keine Bange, ihr werdet staunen!«, sagt Tante Tilla.

Als alle um den Tisch sitzen, erklärt sie: »Wir müssen noch ein wenig warten.« Sie sieht immer wieder auf die Wanduhr und auf ihre Armbanduhr und aus dem Fenster. Papa sieht Mama fragend an und Mama zuckt mit den Schultern.

Ole und die Zwillinge spielen inzwischen unter dem Tisch. Ole behauptet, dass dort eine Schatzhöhle ist. Papas Beine sind zwei Säcke voll Gold, die wollen die Zwillinge nun rauben. Mama kann gerade noch die Tischdecke festhalten, um ein Haar wäre Tante Tillas bestes Geschirr heruntergefallen. »Wir fangen lieber an«, sagt Tante Tilla und geht in die Küche.

Auf dem Herd steht ein großer Topf, in dem Wasser brodelt. Im Wasser schaukelt ein kleinerer Topf.

»Was ist das?«, fragt Ole, der mitgegangen ist.

»Echt englischer Plumpudding«, sagt Tante Tilla. Sie runzelt die Stirn und studiert einen Zettel, auf dem etwas geschrieben steht.

Ole läuft ins Zimmer und verkündet: »Es gibt echt englischen Plumpudding.« Erschrocken fragt Papa: »Hat Tante Tilla den etwa selbst gemacht?«

Dann kommt er mit Ole in die Küche.

Dort steht immer noch Tante Tilla mit dem Zettel und sagt: »Ich hab den Pudding geschenkt bekommen. Irgendwas muss jetzt mit ihm geschehen, aber ich verstehe nicht ganz, was.«

»Man muss ihn vielleicht essen«, sagt Ole.

Papa liest den Zettel durch und sagt: »Wenn der Pudding heiß ist, wird er mit Rum übergossen und angezündet.«

Tante Tilla guckt dreimal auf ihre Armbanduhr und aus dem Fenster und sagt: »Kannst du das?«

»Klar, das ist Männersache für Ole und mich«, sagt Papa und schiebt sie aus der Küche. Dann fischt er den Puddingtopf aus dem Wasserbad und schimpft, weil er sich die Finger verbrennt, als er den Pudding auf einen Teller kippt.

Inzwischen muss Ole Streichhölzer suchen.

Papa macht die Rumflasche auf und probiert einen Schluck. Schließlich könnte auch Essig oder sonst was in der Flasche sein – bei Tante Tilla ist Papa grundsätzlich misstrauisch. Aber es ist Rum, wie es auf dem Etikett steht.

Während Papa nun Rum über den Pudding gießt, sagt er: »Licht aus.« Er hat allerdings nicht das Küchenlicht gemeint. Im Dunkeln kann er nicht erkennen, wie viel Rum schon aus der Flasche gekommen ist. Als Ole das Licht wieder angemacht hat, sieht Papa, dass der Pudding auf dem Teller schwimmt.

Papa hat gemeint, dass Ole im Zimmer nebenan das Licht ausmachen soll.

Dort haben Tante Tilla und Mama jede einen Zwilling auf dem Schoß und stecken die Köpfe zusammen. Tante Tilla hat Mama gerade ein Geheimnis anvertraut und Mama hat gerade gesagt: »Ach, wie ich mich für dich freue.«

Nun sitzen sie im Dunkeln.

Und sie hören, dass Papa hereinkommt und zu Ole sagt: »Zünde den Pudding an!«

Gleich darauf gibt es eine mächtige blaue Stichflamme, die fast zur Decke reicht. Um ein Haar gerät die Hängelampe in Brand, doch Papa kann den brennenden Pudding daran vorbei mit einem Schwung mitten auf den Tisch setzen.

Dort steht er nun und Mama versucht ihn auszupusten.

Ausgerechnet in diesem Augenblick läutet es draußen an der Tür.

Tante Tilla springt hoch und ruft: »Kommt mit! Die Überraschung ist da!«

Papa und Mama schnappen sich die Zwillinge und rennen hinter Ole her.

In der Haustür unter dem Mistelzweig steht Tante Tilla und küsst einen Mann. Sie küsst ihn reichlich lange, aber das ist sicher englischer Brauch. Mama sagt: »Es ist Onkel John, er wird bald Tante Tillas Mann.« Onkel John küsst Ole und die Zwillinge und Mama. Er gibt Papa die Hand und beide klopfen sich gegenseitig auf die Schulter.

Tante Tilla strahlt. Sie sagt: »John ist aus England. Er hat

den Plumpudding gemacht, seinetwegen feiern wir heute englisch.«

»So eine Überraschung!«, ruft Papa.

Er meint aber den Tisch, den Tante Tilla so schön gedeckt hatte. Jetzt steht dort ein zerborstener Teller auf einer verbrannten Decke, die ein großes Loch hat. Die Tischplatte darunter ist angeschmort und dort liegt etwas Schwarzes. Es sieht aus wie ein Stück Kohle.

»Das war der Plumpudding«, sagt Ole.

»Macht nichts, muss ja nicht englisch sein!«, ruft Onkel John. Er macht in der Küche einen großen Teller voll Butterbrote.

Und Papa schmeckt es endlich mal wie zu Hause.

# Eine alte Geschichte

Dies ist eine alte Geschichte und sie ist lange her.

Sofie, der sie passierte, ist inzwischen selbst alt und lahm und krumm dazu. Damals, als sie am Weihnachtsabend eine Mark bekam, war sie ein kleines Mädchen. Sofie sagt, eine Mark war in jener Zeit viel Geld.

Sofies Familie war bettelarm. So arme Leute gibt es jetzt gar nicht mehr, meint Sofie. Eltern, Großeltern und vier Kinder lebten in einer schiefen Kate hinter dem Dorf. Sofies Vater arbeitete im Steinbruch und die Mutter half in der Baumschule. Dafür bekam sie Brennholz und zu Weihnachten einen kleinen Tannenbaum. Großvater schmückte ihn mit Äpfeln und Nüssen und stellte eine Kerze davor. Dann ermahnte er die Kinder: »Hüpft und springt jetzt nicht herum.« Die Dielen waren nämlich so wackelig, dass bei jedem Schritt die Teller im Schrank klirrten. Wenn die Kerze umfiel, konnte die Kate abbrennen. Dann hatten sie kein Dach mehr über dem Kopf wie Krischan, der Landstreicher. Der war noch ärmer.

An jenem Abend holte Vater den Holzzuber herein und füllte ihn mit warmem Wasser. Die Kinder wurden abgeschrubbt, bekamen frisch gewaschene Kleider und Mutter zog ihnen schnurgerade Scheitel. Alle wickelten sich in Wolltücher und zogen Stiefel an. Großvater pustete sorgsam die Kerze aus und Mutter machte den Herd fest zu. Dann marschierten sie ins Dorf zur Kirche. Sofie humpelte etwas. Die Stiefel, die sie im letzten Jahr von ihrem Bruder übernommen hatte, waren nun auch ihr zu klein und taten bei jedem Schritt weh.

In der Kirche setzten sie sich hinten auf die letzte Bank. Auf den vorderen Bänken saßen die wohlhabenden Bauern, das war so Sitte. Neben Mutter hockte Krischan, der Landstreicher. Er roch nach Fusel und Mutter hielt sich das Wolltuch vor die Nase. Sonst war es sehr feierlich mit den vielen Kerzen und dem Orgelspiel. Der Pastor predigte so erbaulich, dass viele Leute sich schnäuzten oder die Augen wischten. Nach dem gemeinsamen Gesang kam der Küster den Gang herunter. An einer langen Stange reichte er den Klingelbeutel herum. Die Bauern warfen klimpernd Geldstücke hinein. Sogar Sofies Vater trennte sich von seinem letzten Groschen.

Sofie sah, wie Krischan einen Knopf von seiner zerlumpten Jacke abdrehte und in den Klingelbeutel steckte. Dabei guckte er fromm in die Luft. Mutter hatte es ebenfalls beobachtet und sagte auf dem Heimweg: »So was tut man nicht. Dafür wird der liebe Gott den Krischan bestrafen.«

Daheim zündete Großvater die Kerze wieder an. Zur Feier des Tages gab es Pökelfleisch mit Bohnen und hinterher

Lebkuchen. Als die Kerze heruntergebrannt war, war auch das Weihnachtsfest vorbei.

Weil Sofie noch mal die engen Stiefel anzog, fragte Mutter: »Wo willst du denn hin?«

»Nur mal ins Dorf gucken gehen«, sagte Sofie. Die Dorfstraße war menschenleer.

In den Bauernhäusern leuchteten hinter den Fenstern die Kerzen am Weihnachtsbaum. Sofie blieb überall stehen und sah zu ihnen hoch. Manchmal hörte sie fröhliche Stimmen. Sie hörte auch, wie in den Ställen die Kühe muhten und an den Ketten rasselten. Einmal kläffte ein Hund hinter ihr her. In der Kirche war Licht, der Küster hatte noch zu tun. Ein Stück weiter stand eine Scheune am Straßenrand. Das Tor war ein wenig offen, dahinter leuchtete und flackerte es. Vielleicht steht auch dort ein Weihnachtsbaum, dachte Sofie und guckte durch das Tor. Da erschrak sie.

Ganz hinten brannte Stroh. Daneben lag eine Kerze, die umgefallen war. An der Seite schnarchte Krischan, er hatte eine leere Flasche in der Hand. Sofie wusste sofort, dass er auf seine Art Weihnachten gefeiert hatte – er hatte sich einen Rausch angetrunken. Ihr fiel der Jackenknopf ein, den er in den Klingelbeutel gesteckt hatte, und was Mutter gesagt hatte. Sofie flüsterte: »Lieber Gott, straf ihn nicht!« Dann rief sie: »He, Krischan, wach auf! Es brennt!«

Krischan hörte nicht. Da sprang Sofie zu ihm hin und schlug mit den Fäusten auf ihn ein. Dabei schrie sie: »Aufwachen! Aufwachen! Es brennt!«

Endlich fuhr Krischan hoch. Er riss die Augen auf und drehte den Kopf hin und her. Dann kapierte er. Er taumelte hoch und griff nach seinem Beutel. Sofie hielt ihn an der Jacke fest. »Bleib da und hilf mir!«, rief sie und trampelte auf dem brennenden Stroh herum. Krischan brummte irgendwas, machte sich frei und stolperte nach draußen.

»Hilf mir doch!«, rief Sofie hinter ihm her. Wenn sie das Feuer an einer Stelle ausgetreten hatte, flammte es woanders wieder auf. Noch brannte das Stroh nur dort, wo es lose verstreut auf dem Lehmboden lag. Doch ringsumher waren Strohballen bis unter das Dach geschichtet.

Sofie bekam Angst. Sie musste husten und nach Luft schnappen, denn der Qualm wurde dichter. Schließlich rannte sie auf die Straße hinaus und schrie: »Hilfe! Es brennt! Hilfe, Hilfe!«

Niemand hörte sie. Nur die Hofhunde bellten.

Sofie rannte zur Kirche und stürzte am Küster vorbei in den Vorraum zum Glockenseil. Sie packte es mit beiden Händen und zog es nach unten. Das ging sehr schwer, aber Sofie schaffte es. Gleich darauf schwang das Seil wieder

hoch. Sofie wurde mitgerissen, dass ihre Beine in der Luft baumelten. Schon ging es wieder nach unten und wieder hoch und wieder runter. Erst leise, dann immer lauter ertönte die Glocke.

»Was soll das? Hör auf damit!«, rief der Küster und wollte Sofie wegzerren. Sie schrie: »Es brennt doch! Es brennt!«, und ließ das Seil nicht los. Gleich darauf waren die ersten Leute da und merkten, was los war. Die Männer von der Freiwilligen Feuerwehr setzten die Lederhelme auf, spannten Pferde vor den Spritzenwagen und ratterten zur Scheune. Dort hatten Männer und Frauen bereits eine Eimerkette vom Löschteich zum Feuer gebildet. Nach einer Stunde hatten sie es geschafft, die Scheune war gerettet. Der Bauer, dem die Scheune gehörte, spendierte heißen Grog. Und Sofie bekam von ihm eine Mark.

Wenn Sofie diese alte Geschichte wieder mal erzählt hat, fragen manche, was sie mit der Mark gemacht hat.

Sofie verrät es nicht, sie meint, dass sie sonst ausgelacht wird.

Weil nämlich der liebe Gott großzügig Krischans Jackenknopf übersehen hat und ihn nicht dafür bestrafte, hat sie die Mark voller Dankbarkeit am Neujahrsmorgen in den Klingelbeutel gesteckt.

# Der Weihnachtsgeburtstag

Genau einen Tag vor Weihnachten hatte Josel Geburtstag. Das war ein sehr unpassender Tag, denn alle Leute waren mit Festvorbereitungen beschäftigt und wollten jetzt nicht Geburtstag feiern.

Papa und Mama hatten es seinerzeit leider nicht anders einrichten können. Eine Weile ging auch alles gut. Sie ließen den Geburtstag einfach ausfallen. Josel war ja noch klein und merkte es nicht.

Aber dann wurde Josel älter. Bereits im Kindergarten bekam sie mit, dass manchmal ein Kind Geburtstag hatte.

Als sie dann in die Schule kam, fragte die Lehrerin gleich am ersten Tag: »Wer kann mir denn schon seinen Geburtstag sagen?« Josel konnte es nicht.

Daheim fragte sie Mama und Papa und nun kam es heraus. Mama war etwas betreten und meinte: »Wir haben eigentlich das Weihnachtsfest als Geburtstag gefeiert oder vielmehr den Geburtstag als Weihnachtsfest. Das ist doch was Besonderes, meinst du nicht?«

Josel war sich nicht sicher.

Jedenfalls hatte im Herbst ein Kind aus der Schulklasse Geburtstag. Mit vielen anderen Kindern wurde auch Josel eingeladen. Es gab eine bunte Zuckertorte und später viele kleine Geschenke und es war sehr, sehr lustig. Ein paar Wochen später feierte ein anderes Kind und wieder war Josel dabei. Es war wieder sehr lustig.

Nach und nach machte Josel mehrere Kindergeburtstage mit.

Und kurz vor Weihnachten sagte sie: »Ich möchte auch Geburtstag feiern.«

»Das passt jetzt gar nicht«, sagte Mama, die um diese Zeit nie wusste, wo ihr der Kopf stand.

Josel dachte nach und meinte: »Wir könnten doch Weihnachten verschieben.«

»Weihnachten ist Weihnachten«, sagte Mama. »Das kann man nicht verschieben.«

Josel dachte noch mal nach und meinte dann: »Vielleicht können wir den Geburtstag verschieben.«

»Das ist eine gute Idee«, sagte Mama erleichtert. »Such dir einen schönen Tag aus.«

Diesmal musste Josel sehr scharf nachdenken und ließ sich dazu Zeit. Allzulange wollte sie nicht warten, doch jetzt war Winter. Da konnte man nicht im Garten spielen. Ein Wintertag kam nicht infrage. Danach war Fastnacht, die sollte in der Schule gefeiert werden, die Lehrerin hatte es schon verraten. Das war auch nicht das Rechte. Und danach kam Ostern. Ein Geburtstag zu Ostern war fast so schlimm wie einer zu Weihnachten.

Im Mai hatte Josels Freundin Micki Geburtstag. Womöglich liefen alle Kinder dorthin und niemand kam zu Josel. Also lieber nicht im Mai. Doch dann war Sommer. Ein Sommergeburtstag war bestimmt wunderschön.

Beim Abendbrot sagte Josel: »Ich möchte gern im Sommer Geburtstag haben.«

»Das passt«, sagte Papa. »Wann denn genau?« Auf gut Glück sagte Josel: »Am zwanzigsten Juli.«

Papa trug den neuen Geburtstag gleich in sein Notizbuch ein, und Mama vermerkte ihn dick und fett mit rotem Filzstift auf dem neuen Kalender, der in der Küche hing.

Der Tag vor Weihnachten, der eigentlich Josels Geburtstag war, ging vorbei wie jeder andere Tag. Alle hatten ja noch viel zu tun.

Josel machte sich nichts draus.

Gleich nach Neujahr hatte wieder ein Kind aus Josels Klasse Geburtstag. Die Kerzen wurden noch einmal angezündet, dann durfte der Baum geplündert werden. Es war ein sehr lustiger Geburtstag.

»Aber mein Geburtstag wird noch viel lustiger!«, sagte Josel.

In der Fastnachtzeit hatte wieder ein Kind Geburtstag. Alle Kinder verkleideten sich und waren sehr ausgelassen.

»Wartet nur, wenn ich erst Geburtstag habe!«, rief Josel.

Genau zu Ostern hatte ein Junge aus Josels Klasse Geburtstag. Weil es regnete, durften die Kinder überall in der Wohnung Ostereier suchen. Es war ein mächtiger Spaß.

»Nicht so spaßig wie mein Geburtstag sein wird«, meinte Josel.

Josels Freundin Micki feierte im Mai Geburtstag. Es gab ein Kasperletheater und alle Kinder waren begeistert.

»Das ist noch gar nichts gegen meinen Geburtstag«, behauptete Josel. Endlich war es so weit.

Drei Tage vor dem neuen Geburtstag lud Josel sämtliche Kinder aus der Klasse ein. Aber sie hatte nicht bedacht, dass an diesem Tag bereits Ferien waren. Alle waren verreist.

Josel saß ganz allein da.

Erst ließ sie den Kopf hängen. Dann wurde sie wütend. Und dann sehr, sehr traurig. Sie tat Papa und Mama so leid.

Mama nahm sie in den Arm und sagte: »Weine doch nicht. Es ist ja gar nicht der richtige Geburtstag. Es ist ja nur ein ausgedachter. Den richtigen Geburtstag werden wir von nun an ganz toll feiern – auch wenn Weihnachten ist.«

»Versprecht ihr es mir?«, fragte Josel.

»Wir versprechen es«, sagten Papa und Mama.

Und am nächsten Tag gingen Papa, Mama und Josel auch auf Reisen.

© privat

Margret Rettich, Autorin, wurde in Stettin geboren und studierte Gebrauchsgrafik an der Kunstschule Erfurt. Sie schrieb und illustrierte zahlreiche Bilder- und Kinderbücher, für die sie mit vielen Preisen ausgezeichnet wurde.

© privat

Rolf Rettich wurde in Erfurt geboren. Als Illustrator war er Autodidakt, denn eigentlich war er gelernter Vermessungstechniker. Er illustrierte z. B. Bücher von James Krüss, Astrid Lindgren, Christine Nöstlinger und Michael Ende. Daneben erschienen auch Bücher, bei denen Illustration und Text von ihm stammten. Rolf Rettich wurde u. a. mit dem Ehrenpreis im Internationalen Bilderbuchwettbewerb ausgezeichnet.

Margret Rettich / Rolf Rettich
**Wirklich wahre Weihnachts-geschichten**

160 Seiten
Hardcover mit s/w-Illustrationen
ISBN 978-3-7641-5129-4

Ab 6 Jahre

# Ein Weihnachtsklassiker für die ganze Familie!

Von der Gans, die Jahr für Jahr einem schlimmen Schicksal entgeht, von der Familie, die sich an Heiligabend aussperrt, von der kleinen Elsie, die im Klo stecken bleibt, von zwei Kühen, die im Krippenspiel landen, und vielen anderen lustigen, turbulenten und nachdenklichen Geschichten.

24 Geschichten, die auf wirklich wahren Begebenheiten beruhen – ein echter Weihnachtsklassiker.

www.ueberreuter.de
Folgt uns bei Facebook & Instagram

Andrea Schütze
**Der kleine Laden der Tiere**
**Ein Weihnachtswunder**

160 Seiten
Hardcover mit farbigen Illustrationen
ISBN 978-3-7641-5166-9

Ab 8 Jahren

# Ein Weihnachtswunder auf vier Pfoten!

Unbemerkt von den Menschen leben in einem alten Tante-Emma-Laden ausgesetzte Haustiere. Doch nun benötigen sie die Hilfe der 9-jährigen Mascha, denn das Haus soll abgerissen werden! Mascha hat die rettende Idee: Aus dem heimlichen Zufluchtsort soll der »Der kleine Laden der Tiere« werden. Pünktlich zu Weihnachten soll er eröffnen und was wird verkauft? Nichts – nur Liebe verschenkt. Hunde können ausgeführt, Katzen gekrault, Kaninchen und Hamster verwöhnt werden. Doch bis dahin gibt es noch allerlei Hindernisse zu überwinden ...

**Ein wundervolles Weihnachtsbuch für kuschelige Lesestunden.**

www.ueberreuter.de
Folgt uns bei Facebook & Instagram